アジアのフロンティア諸国と経済・金融

アジア資本市場研究会編

公益財団法人 日本証券経済研究所

はじめに

　日本証券経済研究所における当アジア資本市場研究会は、本年で発足から12年となる。本書はその第5回目の研究成果物である。テーマは、アジアのフロンティア諸国とその経済と金融、にある。

　当研究会がスタートした2005年は、アジア諸国が経済危機を乗り越え、日中韓との協業も視野に入れた汎アジア的な金融協力の機運が盛り上がっていた。その後、リーマン危機による混乱も克服し、アジア経済は総じて順調に発展してきたものの、半面で域内金融協力が劇的に進んだ、とはいえない状況でもある。

　この間に、中国経済は高度成長から中成長に移行しつつあり、ミャンマーが国際経済社会に本格的にデビューを遂げた。世界の工場が比較生産費からみると、中国からアセアン諸国、それも後発アセアン諸国に移行していく筋合いであろう。アジアの中で生産の移転がみられるものだが、同時に日本からアセアン、アセアンから中国、中国から欧米へ、という製造流通の流れも常態化してきた。

　さらに、日本と中国との間には、時として政治外交問題が立ちはだかり、純粋に経済・金融の交流を進めることが難しい局面もある。国交回復45周年となる本年には、日中間の経済・金融交流、とりわけ日本円と人民元の取引の飛躍的円滑化を進めたいものである。アセアンと中国との経済交流も、政治外交問題が錯綜的に関連して、単純には進みにくくなっている。

　加えて、欧米の大きな政治的変化がアジアにも重大な影響を与えることは間違いない。具体的にはイギリスのEU離脱とアメリカの新大統領誕生である。

　イギリスのEU離脱は、国際金融センターとして抜群の存在感を有するロンドンの先行きがどうなるか、によってグローバルな金融プレイヤーの行動を左右する。アジアを活動の舞台にする彼らのビヘイビアーの変化は、当然この地域にも大きく影響する。また、アジアには、旧イギリスの法制度や金

融システムを淵源とする地域・国も少なくない。シンガポールや香港などの金融センターもイギリスがモデルとなった。今後の金融の世界標準が大きく変わるとしたら、アジアもその波及に身を晒すこと必定である。しかしこれも、世界の成長センターとなったアジアに根本的な打撃となるまでには至らないと考えている。

　アメリカのトランプ新大統領の一挙手一投足は、日本と中国を含むアジア全体に計り知れない影響を与えると言われている。確かに、品性が疑われるまでに過激な発言の数々や保護主義とアメリカのエゴ丸出しのスタンスは、世界中を混乱に陥れかねない。とくにアジアでは、政治・外交、軍事と経済問題を絡めてくる可能性もあり、相当なインパクト、それもネガティブ・インパクトが懸念されている。ただし、トランプ大統領は元来ビジネスマンであり、その言動を表面的に解釈すべきではないだろう。自由な市場、開かれた金融が結局はアメリカの利益になることを知るまでに、さまで時間はかからないのではないか。

　いささか楽観的に過ぎる見通しかも知れないが、いずれにしても今後数年間がいわゆる激変の時代であり、世界の圧倒的リーダーが判然としない、イアン・ブレマー氏の称するGゼロ社会を迎えていることは事実であろう。

　そうした中で、当研究会は今回、アセアン後発国とアジアのフロンティアと呼ばれる国々を金融に限らず、ややマクロ的な切り口から取り上げてみた。

　具体的には、まず金融構造が経済成長に与える作用について獨協大学の木原隆司氏に分析してもらい、次いで国際機関とアセアン後発国の関わり合いについてアジア開発銀行研究所の中林伸一氏に報告願い、さらにアジアのインフラ金融と資本市場に関して野村資本市場研究所の関雄太氏及び北野陽平氏にレポート願った。また、取引所からみた開発途上国への多角的な支援について、日本取引所グループの吉松和彦氏から報告してもらっている。

　地域別には、インドネシア、ラオス、カンボジアについて神田外語大学の安達精司氏から、ミャンマーに関して大和総研の児玉卓氏から、スリランカとバングラデシュについては、それぞれ三菱UFJモルガン・スタンレーPB証券の広瀬健氏と塚本憲弘氏からプレゼンをお願いした。最後に、モンゴル

を中心に中国の一帯一路戦略の現状について、長崎大学（現中国南開大学）の薛軍氏に分析してもらった。

　周知のように、フロンティア地域はリライアブルな統計が少なく実地調査もままならないため、各報告者のご苦労には相当なものがあった。また、とくに実務家諸氏には多忙な日常業務の合間を縫って、当研究会に積極的な参加をいただいた。ここに厚くお礼申しあげたい。また、日本証券経済研究所事務局の安田賢治局長には、研究会の運営から本書の出版に至る諸事につき、大変お世話になった。変わらぬ同氏のご助力に改めて感謝したい。

　2017年早春

アジア資本市場研究会主査
当研究所理事
大和総研副理事長
川　村　雄　介

執筆分担

はじめに	川村 雄介	大和総研 副理事長、当研究所理事
第1章	木原 隆司	獨協大学 経済学部教授・国際環境経済学科教授
第2章	中林 伸一	アジア開発銀行研究所 総務部長
第3章	関 雄太	野村資本市場研究所 研究部長
	北野 陽平	野村資本市場研究所 主任研究員（シンガポール駐在）
第4章	吉松 和彦	日本取引所グループ グローバル戦略部 課長
第5章	安達 精司	神田外語大学 客員教授
第6章	児玉 卓	大和総研 経済調査部長
第7章	広瀬 健	三菱UFJモルガン・スタンレーPB証券金融商品開発部 インベストメントストラテジーズマネージングディレクター
第8章	塚本 憲弘	三菱UFJモルガン・スタンレーPB証券金融商品開発部 インベストメントストラテジーズヴァイスプレジデント
第9章	薛 軍	中国南開大学 経済学院教授、当研究所客員研究員

目　次

第1章　金融構造と経済成長
　　　　　～東南アジアの証券市場育成支援は正しい方向か～ ……… 11

第 1 節　はじめに ……………………………………………………………… 12

第 2 節　成長と金融の先行研究
　　　　　－銀行も証券も重要 ……………………………………………… 13

第 3 節　経済発展と金融構造
　　　　　－経済発展度に応じた金融証券市場の重要性 …………………… 14

　Ⅰ　銀行・証券市場変数と所得水準
　　　－分位値回帰による推定 …………………………………………… 15

　Ⅱ　係数推定値と所得水準
　　　－OLS 回帰 …………………………………………………………… 16

第 4 節　金融イノベーションと経済成長
　　　　　－長期成長率と収斂速度を高めるイノベーション ……………… 18

　Ⅰ　金融発展度と金融イノベーションの成長寄与 ……………………… 19

　Ⅱ　成長率格差と金融イノベーションによる収斂 ……………………… 21

第 5 節　金融システムの特性と成長・格差 ……………………………… 24

　Ⅰ　東アジアの金融システムの特性
　　　－証券市場が大きく進展 …………………………………………… 24

　Ⅱ　4×2 金融システム特性の成長への影響
　　　－金融深化の加速・効率化、証券市場の重要性 ………………… 26

　Ⅲ　金融と GINI 係数（所得格差）
　　　－金融発展は格差を縮小 …………………………………………… 29

第 6 節　東アジア各国の金融指標の進展 ………………………………… 31

　Ⅰ　銀行深化 ……………………………………………………………… 31

　Ⅱ　銀行アクセス ………………………………………………………… 33

　Ⅲ　銀行効率 ……………………………………………………………… 33

　Ⅳ　銀行安定性 …………………………………………………………… 35

　Ⅴ　証券深化 ……………………………………………………………… 36

	Ⅵ	証券アクセス	36
	Ⅶ	証券効率	38
	Ⅷ	証券安定性	39
	Ⅸ	金融構造	39

第7節　結び……40

第2章　国際機関とCLMV諸国（カンボジア、ラオス、ミャンマー、ベトナム）……47

第1節　はじめに……48

第2節　CLMV諸国のマクロ経済および金融セクターに対する国際機関の貢献……49
- Ⅰ　CLMV諸国基礎データ……49
- Ⅱ　各国際機関の役割分担……50

第3節　ADB（アジア開発銀行）の役割と組織、機能と特徴……53
- Ⅰ　役割と組織……53
- Ⅱ　機能と特徴……54

第4節　ADBI（アジア開発銀行研究所）の役割と組織、機能と特徴……56
- Ⅰ　役割と組織……56
- Ⅱ　機能と特徴……57

第5節　大メコン経済圏（GMS: Greater Mekong Subregion）開発とADB……58

第6節　カンボジア経済の課題と国際機関の技術支援……59

第7節　ラオス経済の課題と国際機関の技術支援……61

第8節　ミャンマー経済の課題と国際機関の技術支援……69

第9節　ベトナム経済の課題と国際機関の技術支援……71

第10節　結語……72

第3章　アジアのインフラ金融と資本市場……77

第1節　はじめに……78

第2節　アジア諸国の「インフラ投資ギャップ」……78

第3節　インフラ整備資金の調達とアジアの金融機関……………………81
 Ⅰ　インフラ整備資金の調達源と国際開発金融機関……………81
 Ⅱ　世銀データベースから見た民間資金の動向…………………84
 Ⅲ　プロジェクト・ファイナンス業界のデータベースから見た
  民間資金の動向………………………………………………86
第4節　ASEAN諸国内で活発に制度整備が進められるPPP…………89
 Ⅰ　フィリピン……………………………………………………90
 Ⅱ　インドネシア…………………………………………………91
 Ⅲ　タイ……………………………………………………………91
 Ⅳ　ベトナム………………………………………………………92
第5節　銀行融資を補完する役割が期待されるプロジェクトボンド………92
第6節　存在感が高まりつつあるインフラファンド……………………94
第7節　結びにかえて………………………………………………………96

第4章　取引所からみた開発途上国支援の現状と課題……99

第1節　JPXグループについて……………………………………………100
 Ⅰ　JPXグループの誕生…………………………………………100
 Ⅱ　経営統合の背景・目的………………………………………101
 Ⅲ　アジアを代表する取引所としてのプレゼンス……………102
 Ⅳ　第二次中期経営計画…………………………………………104
第2節　これまでのJPXと開発途上国との関係………………………105
 Ⅰ　「支援」を中心とする関わり………………………………105
 Ⅱ　ミャンマーにおける取引所設立支援………………………106
第3節　海外主要取引所の動き……………………………………………107
 Ⅰ　アジアにおける海外主要取引所の動き……………………107
 Ⅱ　開発途上国との関係性の変化………………………………108
第4節　これからのJPXと開発途上国との関わり……………………110
 Ⅰ　基本的考え方…………………………………………………110
 Ⅱ　想定される対象地域…………………………………………110
 Ⅲ　期待される分野………………………………………………110

第 5 節　開発途上国への支援を進める上での課題……………………………111
　　Ⅰ　多様な国際協力機関との連携拡大……………………………………111
　　Ⅱ　国内関係機関との連携と予算措置の優先度向上等…………………112
　　Ⅲ　他の支援提供国の動きを踏まえた日本の対応………………………114

第5章　「陸のASEAN」へ賭けるインドシナ …………………………117
　　　　　～ラオス、カンボジア～

第 1 節　はじめに………………………………………………………………118
第 2 節　ASEANにおけるラオス、カンボジアと日本………………………120
第 3 節　ラオス
　　　　　～日本は半世紀を超えて「国造り」支援を継続～……………124
　　Ⅰ　一党支配体制による経済運営（中国、ベトナム型市場運営に範）………124
　　Ⅱ　産業基盤
　　　　　～農業・鉱業が主体　高い電力供給能力が強みに……………126
　　Ⅲ　AEC発足で期待高まる「物流網」の整備…………………………128
　　Ⅳ　日本との関係……………………………………………………………129
第 4 節　カンボジア
　　　　　～「タイプラスワン」の本命を狙う～タイの"衛星工場"化を加速～…131
　　Ⅰ　アジアの製造工場を志向………………………………………………131
　　Ⅱ　賃金上昇のピッチは速くても、低廉な労働コストはなお大きな強み…132
　　Ⅲ　流通の動脈『南部経済回廊』と積極的な投資優遇策が支える
　　　　　「タイプラスワン」………………………………………………136
　　Ⅳ　残された「課題」………………………………………………………137
　　Ⅴ　日本との関係……………………………………………………………139
第 5 節　インドシナに浸透する中国の影響力………………………………139
第 6 節　「結び」に代えて
　　　　　～インドシナ経済の成長にみる日本の針路～………………142
　　Ⅰ　インドシナ地域に対する新たなperceptionの確立…………………142
　　Ⅱ　「価値を競う時代」への対応…………………………………………143
　　Ⅲ　「脱欧入亜」～迫りくるアジアの世紀～……………………………144

第6章 ミャンマーの経済と資本市場の発展 147
- 第1節 民主化と経済発展:ミャンマーの立ち位置はどこか? 148
- 第2節 アジアの中のミャンマー 152
- 第3節 資本市場の発展 154
- 第4節 ヤンゴン証券取引所プロジェクト 157
- 第5節 証券市場のプレーヤー 159
- 第6節 ミャンマーの国債市場 161

第7章 スリランカ経済と資本市場 163
- 第1節 スリランカの概要 164
  - Ⅰ 歴史と概要 164
  - Ⅱ シンハラ人とタミル人:対立の歴史 165
- 第2節 スリランカ経済の概要 167
  - Ⅰ GDP及び輸出品目 167
  - Ⅱ ラージャパクサ政権以降のスリランカ経済 169
  - Ⅲ スリランカの通貨制度 170
- 第3節 スリランカの資本市場 171
  - Ⅰ スリランカの株式市場 171
  - Ⅱ スリランカの主要上場会社① ジョン・キール・ホールディングス 174
  - Ⅲ スリランカの主要上場会社② セイロン・タバコ 175
  - Ⅳ スリランカの債券市場 175
  - Ⅴ 国際資本市場へのアクセス 176
- 第4節 スリランカ経済:今後の成長期待分野 178

第8章 バングラデシュの現状と証券投資 181
- 第1節 バングラデシュ人民共和国の現状 182
  - Ⅰ バングラデシュの概要 182
  - Ⅱ バングラデシュの経済情勢等 184
  - Ⅲ 他国との協力関係等 185

	Ⅳ 政治情勢	187
第2節	証券投資	189
	Ⅰ 外資に関する規制	189
	Ⅱ 市場動向	190

第9章 一帯一路戦略と中国周辺後発国 ～モンゴル経済実態を兼ねて～ ……195

第1節	一帯一路戦略とは	196
	Ⅰ 古代シルクロード	196
	Ⅱ 一帯一路	197
第2節	さまざまな解釈	201
	Ⅰ 中国側専門家の解釈	202
	Ⅱ 日本側専門家の解釈	204
	Ⅲ 私の理解	206
第3節	一帯一路と金融資本協力体制の構築	212
	Ⅰ 一帯一路戦略の資金難問題	212
	Ⅱ 中国国内金融資本市場の構築	213
	Ⅲ 中国の対外投資「走出去」と一帯一路	214
	Ⅳ 人民元国際化ロードマップから見る一帯一路戦略	215
第4節	モンゴル経済実態と一帯一路戦略	217
	Ⅰ モンゴルの一般事情	218
	Ⅱ 深刻な財政危機	221
	Ⅲ モンゴルと主要国との関係	223
第5節	終わりに	225

第1章

金融構造と経済成長
〜東南アジアの証券市場育成
支援は正しい方向か〜

第1節 はじめに

　近年、我が国の東南アジアにおける金融市場支援は、ミャンマー等における証券市場開設支援、アジア債券市場育成イニシアティブ（ABMI）等の債券市場支援等、「直接金融」分野での支援が活発化している。このような証券市場育成支援は、東南アジアの開発や成長に大きく貢献する支援なのであろうか？本稿では、近年の理論的発展を反映した実証分析と東南アジア各国の金融システムの特性を検証することにより、ある程度金融市場が発展してきた段階では「直接金融」分野での更なる発展が成長や開発とってより重要となるため、「間接金融」中心の金融構造を持つ国は、経済発展に伴い証券市場を育成する必要があることを示す。

　以下、第2節では、金融と成長に関する理論と実証分析の先行研究をレビューする。その上で、第3節では、経済発展と金融構造の関係が所得水準によって異なることを、各所得百分位値で異なる係数を推定できる Quantile Regression（分位値回帰）で示す。第4節では、近年発展してきた「シュンペーター型内生的経済成長理論」を反映した実証分析の結果を示し、持続的な経済成長のためには民間信用/GDP比の増大といった「金融イノベーション」が必要であることを確認する。第5節では、世界銀行の Global Financial Development Database（GFDD）を用いて、先進国・途上国・東アジアの金融システムの特性と成長・格差との関係を検証する。先進国の金融発展度は総じて途上国の金融発展度より高く、近年は東アジア太平洋地域でも証券市場が大きく発展してきた。金融システムの特性と成長との関係をパネル分析で推定すると、銀行等の「金融市場」では市場の深度の高まりと効率化が、株式・債券等の「証券市場」では深度があり、アクセスに優れ、安定した市場の存在が「イノベーション」となり、成長率と有意な正の相関を持つ。また商業銀行民間信用/GDP比率の増大等の金融発展は、有意に格差（GINI係数）を縮小させる。以上の分析を踏まえ、第6節では「金融市場」、「証券市場」それぞれの「深化」「アクセス」「効率」「安定」を示す

指標について、東アジア各国がどのように進展してきたかを概観する。第7節では、本稿の分析結果を纏め、東アジアの成長モメンタムを保ち格差縮小を図るためにも、民間信用の増大とともに、特に証券市場が未発達・低水準なCLMV諸国では証券市場の発展が今後必要となることを示す。

第2節

成長と金融の先行研究
－銀行も証券も重要

　Demirguc-Kunt and Levine（2008）、木原（2010）等の「金融と成長」に関する先行研究では、「より金融制度が発展している国ほど早く成長」し、特に「金融仲介（銀行）とともに証券市場も成長にとって重要」であり、「銀行システムの規模と証券市場の流動性はそれぞれ経済成長と正の関係がある」ことがほぼコンセンサスとなっている。これは理論上、金融制度が、①可能な投資に関する事前情報を提供し、資金を配分する、②資金提供後に投資をモニターし、企業に対するガバナンスを発揮する、③金融取引、資産分散、リスク管理を促進する、④貯蓄を動員しプールする、⑤財貨・サービスの取引を促進する、という5つの機能を発揮することにより、市場の軋轢（friction）を解消するためと考えられる。従って、これら5つの機能の改善を含む金融制度・市場の発展により、成長が高まることが期待される。また、Aghion and Howitt（2009）等は、イノベーションを重視する「シュンペーター型内生的経済成長モデル」や「AKモデル」等を応用して、金融発展（信用制約の緩和・企業モニタリング能力の向上）等が経済成長に与える正の効果をモデル化している。

　これまでの実証分析では、金融深化、すなわち銀行信用・流動負債・民間信用・株式回転率の増大が、一人当たり実質GDP成長率とともに、全要素生産性上昇率も高めることが明らかになっている（King and Levine（1993）、Levine and Zerovs（1998）、Beck, Levine and Loayza（2000）、Beck and Levine（2002）、木原（2009）等）。

また、銀行市場と証券市場のバランスの取れた金融構造が、一人当たり実質 GDP 成長率の上昇を促すことも明らかになっている（Cuadro-Saez and Garcia-Herrero（2009）、木原（2010））。すなわち、金融構造のアンバランス度を以下の式で表すと、金融構造のアンバランス度の減少が、一人当たり成長率を高めるとのパネル分析の結果が出ている。

$$金融構造のアンバランス度 = \frac{|銀行市場 - 証券市場|}{銀行市場 + 証券市場} \times 100$$

　更に Davis and Hu（2004）、木原（2015）は、年金市場が発展し年金資産/GDP 比率が上昇すれば、一人当たり実質 GDP 成長率が高まることを示している。

第3節

経済発展と金融構造
－経済発展度に応じた金融証券市場の重要性

　上記の先行研究に加え、本稿では Quantile Regression（分位値回帰）による分析により、経済発展度に応じて銀行市場と証券市場との重要性が変わることを示す。Demirguc-Kunt, Feyen and Levine（2012）は、経済発展の過程で「銀行」と「証券市場」との重要性が変化していくことを、分位値回帰（説明変数と被説明変数の平均的な関係ではなく、所得水準等、被説明変数の各百分位値に対応した説明変数の係数を推定）により検証した。その結果、(1)経済が発展するに従って、「銀行」・「証券市場」ともその GDP 比は増大するが、(2)経済規模の増大と「銀行」の増大との相関は次第に希薄になる（分位値回帰での銀行変数の係数は次第に小さくなる）のに対し、(3)経済規模の増大と「証券市場」の増大との相関は次第に強くなる（分位値回帰での証券変数の係数は次第に大きくなる）ことを示した。これは、経済が発展するに従って、経済活動に対し「証券市場」の提供するサービスが重要性を増す一方、「銀行」の提供するサービスの重要性は減じられるためと考えられる。

Ⅱ 銀行・証券市場変数と所得水準－分位値回帰による推定

　本稿では Demirguc-Kunt. et. al.（2012）と同様の手法により、1960～2014年、203ヶ国・地域のパネルデータを用いて分位値回帰を行った。所得水準（2005年ドルでの一人当たり実質 GDP の自然対数値（ln（一人当たり実質 GDP（2005年ドル））を被説明変数とし、制御変数を金融変数のみとして「分位値回帰」を行った場合、中位値では、銀行変数（商業銀行民間信用／GDP）にも証券市場変数にも概ね所得水準（経済活動）と有意な正の相関が見られる（図表1－1）[1]。

　但し、分位値回帰の所得水準水百分位値の係数（図表1－2～5の小丸点

図表1－1　所得水準の分位値回帰結果（中位置）
（被説明変数 ln（一人当たり実質 GDP（2005年ドル））：1960～2014年の5年1期（11期）、203ヶ国によるパネルデータ）

表Ⅱ－1	定式1	定式2	定式3
定数	7.656*** (62.45)	7.517*** (59.97)	7.573*** (59.42)
商業銀行民間信用／GDP	0.018*** (8.72)	0.020*** (7.35)	0.018*** (6.52)
株式取引高／GDP	0.005** (2.00)		
株式時価総額／GDP		0.003 (1.15)	
証券時価総額／GDP			0.004* (1.80)
自由度修正済み R2	0.245	0.242	0.242
サンプル数	516	522	525

（注）カッコ内は t 値。*は10％、**は5％、***は1％の有意水準を表す。

---

[1] 一人当たり実質 GDP の「自然対数値」を被説明変数としているため、説明変数の係数推定値は（成長率／金融変数の増分）を表す。すなわち、$\ln y = a + bx$ とした場合、$d(\ln y)/dx = 1/y \times dy/dx = (dy/y)/dx$

図表1−2　商業銀行民間信用/GDPの係数
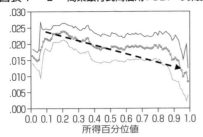

図表1−3　株式取引高/GDPの係数
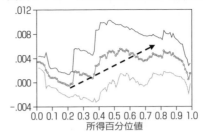

図表1−4　株式時価総額/GDPの係数
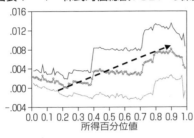

図表1−5　証券時価総額/GDPの係数
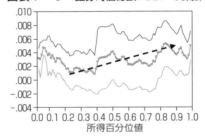

の連なり）を見ると、銀行変数（商業銀行民間信用/GDP）は所得水準の上昇とともに係数が小さくなり、逆に証券変数（株式取引高/GDP、株式時価総額/GDP、証券（株式＋債券）時価総額/GDP）は所得水準の上昇とともに係数が大きくなっていることが見て取れる。

II　係数推定値と所得水準− OLS回帰

　そこで、所得水準に応じた金融発展と経済規模の増大との相関を確認するため、Demirguc-Kunt.et.al.（2012）同様に、分位値回帰による百分位係数推定値（図表1−2〜5の小丸点の連なり）を所得水準の百分位値でOLS推定（一次式による推定）した。その結果は図表1−6の通りである。「民間信用/GDP」係数の推定では所得百分位値の係数推定値は有意に負である一方、「株式取引高/GDP」、「株式時価総額/GDP」「証券時価総額/GDP」の係数の推定では所得百分位値の係数推定値は有意に正となっている。従っ

て、民間信用の増大等の「銀行」の発展と所得水準（経済規模）の増大との相関は所得水準が上昇するにつれて減少する一方、株式取引高・株式時価総額・証券時価総額の増大等の「証券市場」の発展と経済規模の増大との相関は所得水準が上昇するにつれて増大することが判る。

図表１－７～１－10は、各百分位係数推定値の散布図（横軸：所得百分位、縦軸：係数推定値）と回帰直線及びサンプルの95％楕円を示している。これを見ると、①民間信用/GDP（制御変数；株式取引高/GDP）では回帰直線が右下がりとなっているが、②株式取引高/GDP（制御変数；民間信用/GDP）、③株式時価総額/GDP（制御変数；民間信用/GDP）、④証券時価総額/GDP（制御変数；民間信用/GDP）はいずれも右上がりになっている[2]。

図表１－６　所得水準と金融変数（OLS 推定）
（被説明変数：各金融変数による分位値回帰百分位係数推定値）

被説明変数 （制御変数）	民間信用/GDP （株式取引高/GDP）	株式取引高/GDP （民間信用/GDP）	株式時価総額/GDP （民間信用/GDP）	証券時価総額/GDP （民間信用/GDP）
定数	0.0022*** (44.69)	0.0012*** (3.94)	1.07E-5 (0.04)	0.0022*** (10.50)
所得百分位値	−0.0064*** (−7.44)	0.0037*** (6.95)	0.0066*** (15.72)	0.0015*** (4.20)
自由度修正済み R2	0.357	0.326	0.715	0.145
サンプル数	99	99	99	99

（注）カッコ内はｔ値。＊は10％、＊＊は５％、＊＊＊は１％の有意水準を表す。

---

[2] 図表１－７～10を見ると、所得水準と分位値回帰各係数推定値との関係は２次式以上とも考えられるため、分位値回帰の各百分位係数推定値と所得百分位の二次式でOLS回帰を行った。その結果、①「民間信用/GDP」の係数が最大となる所得水準は下から33.9％と推定され、それ以上の約７割のサンプルでは民間信用の経済活動への影響が所得増大とともに減少する、②逆に「株式取引高/GDP」の係数が最大となる所得水準は下から72.7％と推定され、それ以下の７割以上のサンプルでは株式取引高の経済活動への影響は所得増大とともに増大する、③「株式時価総額/GDP」の係数が最小となる所得水準は下から8.3％と推定され、それ以上の９割以上のサンプルでは株式時価総額の経済活動への影響は所得増大とともに増大する、④社債も含めた「証券時価総額/GDP」の係数が最小となる所得水準は下から39.1％と推定され、それ以上の６割以上のサンプルでは証券時価総額の経済活動への影響は所得増大とともに増大する、ことが示された。

図表1-7　民間信用/GDPの散布図

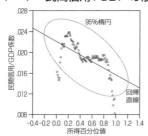

図表1-8　株式取引高/GDPの散布図

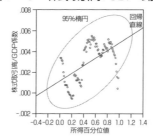

図表1-9　株式時価総額/GDPの散布図

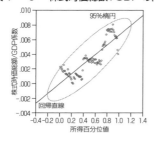

図表1-10　証券時価総額/GDPの散布図

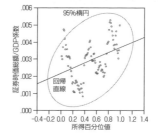

第4節

金融イノベーションと経済成長
－長期成長率と収斂速度を高めるイノベーション

　Laeven, Levine and Michalopoulos（2014）は、「起業家」がより良い財を発明することによって利潤を上げ、利潤最大化を目指す「金融家」が起業家のスクリーニングを行うという「シュンペーター型内生的経済成長モデル」を構築し、経済成長と金融イノベーションとの関係を分析している。このモデルによれば、①金融家は、コストはかかるが潜在的に利益の上がるイノベーションの過程に従事し、より良い起業家スクリーニング手法を発明できるが、②技術が進展するに従いスクリーニング過程は次第に効率的でなくなる、という特徴を有し、その結果、銀行家がイノベーションを行わない限り、技術革新（イノベーション）と経済成長が止まるとの理論的帰結が導か

れる。

　Laeven. et. al.（2014）は、更に OLS、操作変数法、GMM の推定法により、このモデルのクロスセクション推定・パネル推定を行い、モデルの動学特性と整合的な実証結果を得ている。すなわち、クロスセクション推定では、金融発展度・金融イノベーション度が高いほど、金融発展度の最も高い国（米国）への所得収斂速度（一人当たり GDP 成長率）が高くなることを示し、GMM 推定では、金融イノベーション（民間信用/GDP 比の増加率の高まり）が有意に定常状態の一人当たり GDP 成長率を高めることを示した。

Ⅰ　金融発展度と金融イノベーションの成長寄与

　図表 1 −11は、金融発展度と金融イノベーションが一人当たり GDP 成長率に与える影響について推定した結果を示している。本稿では、先行研究と同様の制御変数を用いて、136か国、1965〜2014年の各 5 年平均10期のデータによるパネル推定を行った。Wu-Hausmann 検定では、国別でも期間別でも変量効果が棄却されたため、国別、期間別、及び国・期間別双方の固定効果を用いて推定した。制御変数については、国別及び国・期間別の推定と期間別の推定で係数推定値の大きさに差があるが、ほぼ有意で符号条件を満足している[3]。

　他方、金融変数については、Laeven. et. al.（2014）のクロスセクション推定とは異なる結果となっている。すなわち、「金融発展度」（商業銀行やその他機関の民間信用/GDP 比）は、総じて一人当たり成長率と負の有意な相関がある。しかし、「金融イノベーション」（商業銀行やその他機関の民間信用/GDP 比の上昇率）については、先行研究同様、一人当たり成長率と正の有意な相関を持つ。このように、金融発展の「水準」が成長率を高めている訳ではなく、「金融イノベーション」が成長率と正の相関を持っている

3　平均教育年数の係数については国・期間別固定効果で推定すると負となってしまうが、国別もしくは期間別で推定すると正となる。

ことが判る[4]。

図表 1-11　金融発展度と金融イノベーションの成長寄与
被説明変数：一人当たり実質 GDP 成長率（2005年基準）（固定効果モデルによるパネル推定：136か国、1965～2014年の各 5 年平均11期）

	定式 1	定式 2	定式 3	定式 4	定式 5	定式 6
固定効果	国別	期間別	国・期間別	国別	期間別	国・期間別
定数	25.451*** (8.08)	2.549** (2.56)	35.166*** (8.46)	24.926*** (7.81)	2.578*** (2.62)	35.191*** (8.65)
商業銀行民間信用/GDP（金融発展度）	−0.010** (−2.22)	−0.007** (−2.17)	−0.016*** (−3.58)			
商業銀行民間信用/GDP増加率（金融イノベーション）	0.017* (1.78)	0.039*** (3.73)	0.018* (1.94)			
商業銀行その他民間信用/GDP（金融発展度）				−0.011** (−2.41)	−0.007** (−2.37)	−0.019*** (−4.23)
商業銀行その他民間信用/GDP増加率（金融イノベーション）				0.014 (1.50)	0.037*** (3.55)	0.016* (1.79)
Ln（前期の一人当たり実質 GNI(2005年ドル))	−4.461*** (−9.06)	−0.308*** (−2.69)	−4.989*** (−10.10)	−4.357*** (−8.88)	−0.291** (−2.56)	−4.865*** (−10.03)
Ln（貿易（輸出＋輸入）/GDP）	3.796*** (8.09)	0.708*** (4.11)	3.405*** (7.21)	3.858*** (8.25)	0.682*** (4.00)	3.421*** (7.32)
Ln（1 + CPI 上昇率）	−1.722*** (−4.71)	−2.027*** (−5.69)	−1.260*** (−3.54)	−1.831*** (−5.04)	−2.071*** (−5.82)	−1.328*** (−3.77)
Ln（1 + 平均教育年数（25歳以上））	1.034** (2.07)	1.607*** (4.99)	−0.992 (−1.36)	0.967* (1.95)	1.590*** (4.98)	−1.361* (−1.85)
Ln（政府消費支出/GDP）	−1.569*** (−3.10)	−1.254*** (−4.41)	−1.482*** (−3.03)	−1.720*** (−3.46)	1.248*** (−4.41)	−1.572*** (−3.28)
自由度修正済み R2	0.444	0.210	0.501	0.444	0.210	0.506

---

[4] グランジャー因果性テストにより、一人当たり GDP 成長率、商業銀行民間信用/GDP、商業銀行民間信用/GDP の増加率間の因果関係を調べたところ、一人当たり GDP 成長率が商業銀行民間信用/GDP 及びその増加率にグランジャーの意味で因果関係を持つ（ 1 ％の有意水準で帰無仮説を棄却）が、グランジャーの意味で逆の因果関係は見られない。

AIC	4.357	4.547	4.260	4.355	4.544	4.247
D.W比	2.233	1.404	2.169	2.212	1.393	2.158
国数／サンプル数	136/664	136/664	136/664	136/670	136/670	136/670

（注）カッコ内はt値。*は10％、**は5％、***は1％の有意水準を表す。

II　成長率格差と金融イノベーションによる収斂

　また、Laeven. et. al.（2014）は、以下の式で、金融先端国（米国）との一人当たりGDP成長率格差、すなわち金融先端国への収斂速度をクロスカントリー・データにより推定している。

$$g - g^* = b_0 + b_1 F + b_2(y - y^*) + b_3 F(y - y^*) + b_4 X + b_5 f + b_6 f(y - y^*) + u$$

（$g - g^*$：当該国一人当たりGDP成長率－米国の一人当たりGDP成長率、$y - y^*$：当該国一人当たり所得－米国の一人当たり所得、F：金融発展度（民間信用/GDP）、f：金融イノベーション（民間信用/GDPの増加率）、X：その他の制御変数）

　Laeven. et. al.（2014）の理論モデルからは、$b_3 < 0$、$b_6 < 0$ が有意に推定されることが期待される。すなわち、$(y - y^*)$ は多くの国で負なので、金融発展度（F）・金融イノベーション度（f）が高いほど、金融先端国への収斂速度が速く、成長率格差に正の影響を与えることが期待される。

　他方、成長率格差に対する金融発展度・イノベーション自体の効果は定常状態では無くなるため、長期のクロスセクション推定では、係数 b_1、b_5 は有意でなくなる（効果が無い）ことが期待される。実際 Laeven. et. al.（2014）の推定結果も、このような理論モデルから予想される通りとなっている。

　長期のクロスセクション推定ではなく5年間の「短期成長率」のパネル推定でも、Laeven. et. al.（2014）の推定結果と同様の結果となるのであろうか。図表1－12は、Laeven. et. al.（2014）の推定と同様の金融変数・制御変数により、米国との一人当たりGDP成長率格差（当該国成長率－米国成長率）（$g - g^*$）を、139～177か国、1965～2014年の各5年平均11期のデータを用いてパネル推定した結果である。Wu-Housman検定により、国別・

期間別の変量効果が棄却されたので、国別・期間別双方の固定効果モデルで推定した。

　前述の通り、理論モデルでは、金融発展度（商業銀行民間信用/GDPで代用）・金融イノベーション（商業銀行民間信用/GDPの年間増加率で代用）自体の係数は有意では無い（成長率格差への影響はゼロ）が、それら変数の金融先端国である米国との一人当たりGDP格差（$y-y^*$）との交差項の係数は有意に負となることが期待される。

　上記国別・期間別固定効果モデルでも、金融発展度・金融イノベーションの一人当たりGDP格差（$y-y^*$）との交差項の係数は概ね負で有意な定式が多い。金融先端国へ向けての収斂の影響が見える。特に、Laeven. et. al.（2014）と同様に、金融発展度よりも金融イノベーションの方が係数絶対値が大きい。

　また、Laeven. et. al.（2014）の長期成長率推定と同じく金融イノベーション自体の係数は有意ではないが、Laeven. et. al.（2014）と異なり、金融発展度自体の係数は有意に負となっている。これは本稿の推定が5年間の短期成長率を推定するパネル推定となっているためと考えられる[5]。

　このように「金融イノベーション」は金融先端国の収斂速度を高めるとともに、定常状態の技術進歩率と正の相関を持つことにより、一人当たり成長率を持続的に高めるものと考えられる[6]。

---

[5] 所得格差（$y-y^*$）の係数推定値は負の場合には有意だが、制御変数によって有意でなくなる場合があり、所得格差による収斂は定かではない。平均教育年数の係数は、直観とは異なり、正ではなく有意に負となっているが、期間固定効果のみのモデルで推定すると、平均教育年数の係数は有意に正となる。

[6] グランジャー因果性テストにより、米国との一人当たりGDP成長率格差、金融発展度×($y-y^*$)、金融イノベーション×($y-y^*$)間の因果性を検証すると、GDP成長率格差は金融発展度・金融イノベーション双方の交差項とグランジャーの意味で1％の有意水準で因果関係を持つが、逆の因果関係は金融イノベーションの交差項のみが10％の有意水準で因果性を持つ。

図表1-12　成長率格差と金融イノベーションによる収斂

被説明変数：米国との一人当たり GDP 成長率格差（当該国成長率－米国成長率）$(g-g^*)$

国別・期間別固定	定式1	定式2	定式3	定式4	定式5	定式6	定式7	定式8
定数	-0.294 (-0.26)	4.715*** (2.86)	9.323*** (4.44)	9.592*** (4.40)	-0.233 (-0.08)	-16.97*** (-7.71)	-16.25*** (-7.25)	-15.64*** (-6.53)
米国との一人当たりGDP格差 $(y-y^*)$	-0.710* (-1.66)	0.206 (0.50)	0.238 (0.57)	0.219 (0.51)	-0.256 (-0.60)	-1.068** (-2.57)	-1.081** (-2.53)	-1.254*** (-2.88)
商業銀行民間信用/GDP（金融発展度）	-0.034*** (-6.07)	-0.040*** (-8.20)	-0.039*** (-7.92)	-0.037*** (-7.67)	-0.036*** (-7.65)	-0.032*** (-6.06)	-0.032*** (-5.95)	-0.030*** (-5.66)
商業銀行民間信用/GDP増加率（金融イノベーション）	-0.025 (-1.22)	-0.010 (-0.56)	-0.011 (-0.62)	-0.002 (-0.11)	-0.001 (-0.04)	-0.032 (-1.58)	-0.029 (-1.41)	-0.026 (-1.25)
金融発展度 $\times(y-y^*)$	-0.005 (-1.41)	-0.009*** (-2.75)	-0.009*** (-2.77)	-0.007** (-2.05)	-0.005 (-1.62)	-0.002 (-0.51)	-3.7E-05 (-0.01)	4.6E-05 (0.01)
金融イノベーション $\times(y-y^*)$	-0.013** (-2.13)	-0.012** (-2.11)	-0.014** (-2.45)	-0.010* (-1.77)	-0.009 (-1.54)	-0.017*** (-2.64)	-0.014** (-2.26)	-0.014** (-2.27)
Ln（1+平均教育年数（25歳以上））		-1.553** (-2.20)	-2.224*** (-3.08)	-2.100*** (-2.92)	-2.14*** (-3.03)			
Ln（政府消費支出/GDP）			-1.246*** (-2.93)	-1.312*** (-2.90)	-1.710*** (-3.84)			-0.606 (-1.28)
Ln（1+CPI上昇率）				-1.900*** (-5.49)	-1.710*** (-5.02)		-1.664*** (-4.08)	-1.598*** (-3.91)
Ln（貿易（輸出+輸入）/GDP）					2.379*** (5.54)	3.810*** (8.74)	3.684*** (8.31)	3.826*** (8.33)
自由度修正済みR2	0.362	0.405	0.419	0.420	0.443	0.415	0.404	0.410
AIC	5.014	4.610	4.595	4.546	4.507	4.934	4.902	4.897
D.W比	1.981	1.943	1.999	2.052	2.040	2.029	2.019	2.018
国数/サンプル数	177/1115	142/948	142/923	139/876	139/876	175/1092	169/1036	168/1012

（注）カッコ内はt値。*は10%、**は5%、***は1%の有意水準を表す。

第5節
金融システムの特性と成長・格差

Ⅰ 東アジアの金融システムの特性－証券市場が大きく進展

　では、東アジア各国の金融発展度・金融イノベーションの状況はどのようになっているのであろうか。世界銀行の金融システム特性データから見てみたい。近年、世界銀行は、Global Financial Development Database（GFDD）を用いて世界205か国・地域の金融システムの特性（深化（金融機関・市場の規模）、アクセス（金融サービスの利用度）、効率（資金仲介・金融取引促進の効率性）、安定（金融機関・市場の安定性））を指標化し、各国・地域の「銀行部門」（金融機関）、「証券部門」（市場）の金融システムを評価している。

　図表1－13は、"Global Financial Development Report 2015/2016"（GFDR: World Bank（2015））に示された ASEAN＋3諸国の金融システムの特性（2011-13年平均）である。括弧内の数字は、下からの四分位値であり、「1」（最低25％：第1四分位）、「2」（下から25％～50％：第2四分位）、「3」（下から50％～75％：第3四分位）、「4」（最高25％：第4四分位）で示している。「Zスコア」とは、（資本＋収益）の収益変動比であり、$Z = \{$株式資本比率（k）＋資産収益率（μ）$\}/$資産収益率の標準偏差（σ）で計算されている[7]。国名の横の括弧内の数字は、各変数の基準化指数の単純平均により求めた四分位値であり、少なくとも4項目の変数が存在する国について求めてある。

　全体の金融発展度を見ると、「先進国」の金融発展度は総じて「途上国」の金融発展度よりも高い。すなわち、先進国の方が「金融機関」の（ⅰ）「深化」を示す民間信用/GDP比が高く、（ⅱ）「アクセス」を示す口座保有

---

[7] すなわち、Zスコアは潜在的なリスクとなる収益の変動に対するバッファーを表し、債務不履行（倒産）確率に逆相関する。

図表1-13　ASEAN+3諸国の金融システムの特性（2011-13年平均）

	金融機関（銀行）				金融市場（証券）			
	深化	アクセス	効率	安定	深化	アクセス	効率	安定
	民間信用/GDP(%)	15歳以上の金融機関口座保有割合(%)	貸付・預金金利スプレッド(%)	Zスコア（商業銀行・加重平均）	（株式時価総額+国内社債残高）/GDP(%)	10大企業以外の株価/株価総額(%)	株式回転率(%)	株価変動率（株価指数収益率の標準偏差）
ブルネイ(-)	16.4(1)	7.2(1)		18.3(3)				
カンボジア(-)	33.3(2)	3.7(1)		14.1(2)				
中国(4)	124.4(4)	63.8(3)	3.1(4)	21.2(4)	93.0(4)	74.7(4)	141.3(4)	19.7(2)
香港(4)	163.5(4)	88.7(4)	5.0(4)	18.4(4)	196.1(4)	63.7(4)	135.4(4)	20.5(2)
インドネシア(3)	28.4(2)	19.6(2)	5.6(3)	19.0(4)	46.6(2)	56.2(3)	35.7(3)	19.7(2)
日本(4)	106.9(4)	96.4(4)	1.8(4)	35.5(4)	139.8(4)	71.9(4)	104.5(4)	20.7(2)
韓国(4)	98.0(4)	93.0(4)	1.8(4)	4.6(1)	154.9(4)	63.6(4)	140.8(4)	19.3(2)
ラオス(-)		26.8(2)		6.1(1)				19.5(2)
マレーシア(4)	111.7(4)	66.2(3)	1.9(4)	14.7(4)	196.1(4)	63.3(4)	28.6(3)	9.4(4)
ミャンマー(-)			5.0(3)	3.1(1)				
フィリピン(3)	31.5(2)	26.6(2)	3.3(4)	19.1(3)	75.0(3)	59.7(4)	19.3(3)	17.7(2)
シンガポール(4)	109.5(4)	98.1(4)	5.2(4)	19.2(3)	145.9(4)	73.7(4)	64.7(4)	14.3(3)
タイ(4)	108.8(4)	72.7(3)	4.3(3)	8.0(1)	131.1(4)	56.2(3)	85.0(4)	18.8(2)
ベトナム(4)	93.7(4)	21.4(2)	3.1(4)	29.7(4)	15.8(2)		43.2(3)	21.3(2)
米国(4)	49.4(2)	88.0(4)		28.9(4)	196.1(4)	73.2(4)	135.4(4)	17.8(3)
全世界平均	51.2	45.7	6.8	15.4	61.5	44.6	34.8	17.1
先進国平均	96.1	86.9	4.2	17.5	92.4	42.1	54.7	18.3
途上国平均	35.8	30.3	7.5	14.6	39.1	47.9	20.1	16.2
東アジア太平洋	55.7	42	6.3	16.4	74.9	62	39.9	18.8

割合が高く、（ⅲ）（非）「効率」を示す預貸金スプレッドが低く[8]、（ⅳ）「安定性」（収益性）を示すzスコアが高い。「証券市場」でも、先進国の方が（ⅰ）「深化」を示す証券時価総額/GDP比や、（ⅲ）「効率」を示す株式回

8　「預貸金スプレッド」は金融仲介コストの高さを表すため、低い方の効率が高い。

転率は高い。しかし、（ⅱ）「アクセス」を示す大企業以外の株式割合（分散度）は途上国の方が高く、（ⅳ）（不）「安定性」を表す株価変動率は先進国の方が高い。

「東アジア太平洋地域」の平均値を見ると、「金融機関」の深化・アクセス・効率・安定ともに全世界平均に近いが、「先進国平均」よりは低水準となっている。他方、「証券市場」については、深度や効率は先進国よりは低いが、全世界平均より高く、アクセスは先進国以上の高い水準となっている。安定性も先進国平均並みである。ABMI等の近年の政策努力もあり、東アジア太平洋地域で証券市場が大きく発展してきたことが伺われる。

東アジアの国別に全体的な金融発展度を四分位別に見ると、（ⅰ）第4分位にあり金融機関・証券市場とも発展している国・地域には、中国・香港・日本・韓国・マレーシア・シンガポール・タイ・ベトナムが、（ⅱ）第3分位には、インドネシア・フィリピンが含まれ、これらの国々は世界平均より高い水準の金融機関・証券市場を有していると言える。（ⅲ）他方、ブルネイ・カンボジア・ラオス・ミャンマーは、金融機関の発展水準が低い上、特に証券市場が発展しておらず統計が取れない状況にあり、全体的な金融発展度を評価できる状況にない。但し金融システム全体で同様の分位にある国でも特性には各国毎の違いが見られる。

Ⅱ　4×2金融システム特性の成長への影響－金融深化の加速・効率化、証券市場の重要性

GFDRが金融発展の指標としている2分野（金融機関・証券市場）の4特性（深化・効率・アクセス・安定）の改善は、一人当たり成長率を高めるものであろうか。換言すれば、持続的に成長を確保する金融・証券イノベーションとはどの分野・特性の金融発展なのであろうか。図表1－14は、最大131か国、1965－2014年各5年平均11期のデータを用い、図表1－11と同様の制御変数に、金融機関・証券市場の4特性を説明変数に加えて、パネル推定を行った結果である。パネル推定は、Wu-Hausman検定に従い、国別固定効果モデルで行った。金融証券指標の採れる国・期間の違いにより係数推定値や有意性は異なるが、有意な係数は符号条件がほぼ満たされている。

金融（銀行）変数では、「深化」指標である「民間信用/GDP」の係数推定値は負と、銀行深化はむしろ成長率と負の相関がある。また「アクセス」指標の「人口1000人当たりの商業銀行口座数」、「安定性」指標の「銀行Ｚスコア」の係数推定値は正ではあるが有意ではない。4特性の中では、「効率性」指標である「銀行預貸金スプレッド」の係数推定値は有意に負であり、平均的に低スプレッドで効率的な金融機関が存在すれば高成長となることが示されている。また、金融イノベーションを表す「（民間信用/GDP）増加率」の係数推定値には有意に正のものが多く、証券変数等を加えても、金融イノベーションが成長にプラスの影響を与えるという図表１−11と整合的な結果が出ている。

　他方、証券変数は総じて有意であれば成長率と正の相関を持つ。すなわち、証券変数では、証券時価総額/GDP（市場の深度）、上位10社以外の株式時価総額シェア（市場アクセス）、株価変動率の少なさ（市場の安定性）が有意に高成長と相関を持つことが示されている[9]。これらの変数は金融市場のイノベーション（民間信用/GDP 増加率）とともに推定しているので、証券市場のイノベーションと考えることもできよう。

　このように、金融市場では市場深化の加速（増加率の増大）と効率化が、証券市場では深度がありアクセスに優れ安定している市場の存在自体（水準）が「イノベーション」となり、成長率を高めている[10]。

9　他方、効率性を表す株式回転率の係数推定値は有意ではない。
10　グランジャー因果性テストにより一人当たりGDP成長率と有意な変数との因果性を検証したところ、一人当たりGDP成長率がグランジャーの意味で商業銀行民間信用/GDPの増加率と１％水準で、預貸金スプレッドと５％水準で有意に因果関係があるが、逆の因果性は預貸金スプレッドが10％の有意水準で一人当たりGDP成長率と因果関係を持つのみで、他の変数にグランジャーの意味での因果性は見られない。

図表１−14　４×２金融システム特性の成長への影響
被説明変数：一人当たり GDP 成長率（％）

	定式1	定式2	定式3	定式4	定式5	定式6	定式7
定数	14.06 (0.90)	24.371*** (4.97)	31.412*** (5.44)	24.600*** (3.03)	10.14 (0.87)	36.522*** (6.50)	26.724*** (4.96)
商業銀行民間信用/GDP（金融深化）	−0.020 (−0.59)	−0.008 (−1.06)	−0.031*** (−5.30)	−0.028*** (−5.71)	−0.036*** (−5.77)	−0.018*** (−3.72)	−0.020*** (−4.17)
（商業銀行民間信用/GDP）増加率（イノベーション）	−0.003 (−0.12)	0.021* (1.82)	−0.009 (−0.88)	0.029** (2.03)	0.036* (1.71)	0.025** (2.10)	0.036*** (2.80)
人口1000人当たりの商業銀行口座数(アクセス)	0.001 (0.56)						
銀行預貸金スプレッド（効率）		−0.094*** (−3.18)					
銀行Zスコア（安定性）			0.008 (0.47)				
証券時価総額/GDP(証券深化)				0.010** (2.12)			
上位10社以外の株式時価総額シェア(アクセス)					0.048** (2.22)		
株式回転率（効率）						−0.002 (−0.49)	
株価変動率（安定性）							−0.035** (−2.02)
Ln（一人当たり実質GNI）（1期ラグ）	−4.724** (−2.26)	−5.051*** (−7.40)	−5.012*** (−6.19)	−1.815 (−1.47)	−1.485 (−1.13)	−5.534*** (−6.98)	−2.750*** (−3.42)
Ln（貿易/GDP）	4.291** (2.57)	3.140*** (4.67)	1.118 (1.48)	0.150 (0.17)	1.120 (1.14)	2.939*** (4.04)	2.070*** (2.62)
Ln（1+CPI上昇率）	−28.80*** (−2.80)	−1.641*** (−2.65)	−7.165*** (−6.27)	−0.431 (−0.79)	−2.875 (−1.00)	−1.281** (−2.23)	−0.126 (−0.19)

Ln（1＋平均教育年数（25歳以上）)	5.114 (1.62)	4.278*** (4.92)	6.256*** (4.41)	3.607* (1.89)	1.853 (0.84)	5.162*** (4.48)	2.177 (1.40)
Ln（政府支出/GDP）	−1.098 (−0.55)	−0.693 (−0.93)	−1.447 (−1.53)	−4.684*** (−2.79)	−0.935 (−0.44)	−3.233*** (−3.18)	−3.979*** (−3.30)
自由度修正済み R2	0.543	0.450	0.526	0.543	0.505	0.471	0.570
国数/サンプル数	66/136	115/427	131/382	47/167	47/133	99/355	75/260

（注）カッコ内は t 値。*は10％、**は5％、***は1％の有意水準を表す。

Ⅲ　金融と GINI 係数（所得格差）－金融発展は格差を縮小

　これまでの分析から、金融が発展するにつれて、成長率や所得が高まることは明らかになったが、それが所得格差を広げることにはならないのであろうか。

　Beck, Demirguc-Kunt and Levine（2007）は、Ln（商業銀行民間信用/GDP）（1960～2005年の平均値）と所得格差を表す GINI 係数の1960～2005年の「変化」との関係についてクロスセクション推定した結果、明確な負の関係を見出している。すなわち、「金融発展は経済成長を促し、競争を促進し、労働需要を高める」ため、「経済格差を縮小する」ことを示した。

　本稿では金融発展と所得格差との関係を見るため、155か国、1980～2014年の間の各5年間7期の平均値によるデータを用い、「GINI 係数」自体を、商業銀行民間信用/GDP 及びその二次項や自然対数値によってパネル推定した。図表1－15がその推定結果である。

　GINI 係数を商業銀行民間信用/GDP で OLS 推定すると（定式1）、商業銀行民間信用/GDP の増大（金融発展）には有意に GINI 係数（格差）との負の相関が見られる。更に商業銀行民間信用/GDP の二次項を加えて推定しても（定式2）、二次項の係数は有意でなく、商業銀行民間信用/GDP の増大は単調に GINI 係数を低下させている。国別効果を入れて推定すると、変量効果モデル（定式3）では他の推定同様、商業銀行民間信用/GDP の係数は有意に負となる。ただし、Wu-Hausman 検定で国別変量効果は棄却される。そのため、国別固定効果モデルで推定すると（定式4）、商業銀行

図表1−15　金融発展とGINI係数（所得格差）との関係
被説明変数：GINI係数（0〜100）

	定式1	定式2	定式3	定式4	定式5	定式6
説明変数	OLS	OLS	国別RE	国別FE	国別RE	国別FE
定数	42.808*** (74.73)	42.950*** (57.26)	41.228*** (48.94)	40.767*** (69.95)	44.433*** (30.90)	43.995*** (29.69)
商業銀行民間信用/GDP（%）（PC）	−0.058*** (−5.65)	−0.065** (−2.52)	−0.031*** (−2.80)	−0.006 (−0.41)		
（商業銀行民間信用/GDP）^{2}		4.22E-05 (0.29)				
Ln（商業銀行民間信用/GDP）					−1.397*** (−3.59)	−1.075** (−2.35)
自由度修正済R2	0.053	0.052	0.012	0.787	0.022	0.790
国数/サンプル数	155/553	155/553	155/553	155/553	155/553	155/553
H：国別REのp値			0.0049		0.1795	

（注）カッコ内はt値。*は10%、**は5%、***は1%の有意水準を表す。

民間信用/GDPの係数は負だが有意でなくなる。

　そこで、Beck. et. al.（2007）同様、商業銀行民間信用/GDPの「自然対数値」で国別効果を入れて推定すると、変量効果モデル（定式5）でLn（商業銀行民間信用/GDP）の係数推定値は有意に負となる。Wu-Hausman検定でも変量効果は棄却されない。念のため、商業銀行民間信用/GDPの自然対数値で固定効果モデルにより推定しても（定式6）、その係数推定値は有意に負となる。このように本稿のパネル推定でも、Beck.et.al.（2007）のクロスカントリー推定同様、金融発展は所得格差と負の相関があることが示される[11]。金融発展と所得格差の逆相関は、図表1−16、図表1−17に示される商業銀行民間信用/GDP（PC）（もしくはその自然対数値）とGINI係数との散布図からも明らかである。金融発展は所得格差を縮小させる。

---

[11] ウランジャー因果性テストでGINI係数と商業銀行民間信用/GDPの自然対数値との因果性を検証したところ、1%の有意水準で双方向の因果性が見られた。

図表1-16 商業銀行民間信用/GDP（横軸）とGINI係数（%縦軸）の散布図—負の相関

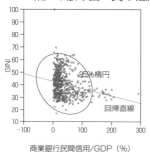

図表1-17 ln（商業銀行民間信用/GDP）（横軸）とGINI係数（%縦軸）の散布図—負の相関

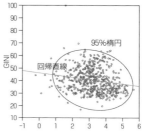

第6節
東アジア各国の金融指標の進展

「金融市場」、「証券市場」それぞれの「深化」「アクセス」「効率」「安定」を示す指標について、東アジア各国はどのように進展してきたのであろうか。本節では、金融発展を表す各指標毎に、1960年～2013年の高所得国平均、途上国平均、東アジア各国および米国における進展を概観する。

I 銀行深化

(1) 商業銀行民間信用/GDP（図表1-18）－香港・ベトナムで急上昇

金融機関の金融発展度（水準）や金融イノベーション（増加率）を表す指標として最も多く用いられるこの指標は、総じて高所得国で上昇しており、特に香港が急上昇でトップの水準となっている。日本も2001年まで上昇してきたが、2002年以降急低下し[12]、現在100%程度となっている。「先発

---

[12] GFDDが依拠しているIMFのInternational Financial Statistics（IFS）では2001年までは商業銀行民間信用（系列22d）と銀行その他機関民間信用（系列22d＋系列42d）とはほぼ同様の規模であったが、2002年に商業銀行民間信用がほぼ半減ししている。IMFに報告する日本銀行が基準を変更した可能性がある。

図表1−18　商業銀行民間信用/GDP（%）

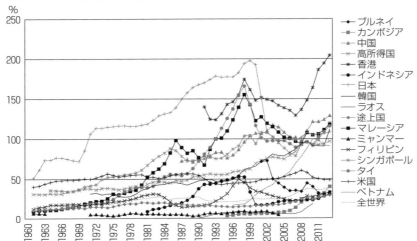

ASEAN」のタイ・マレーシアではアジア通貨危機時まで急上昇したが、その後、100％程度に低下している。CLMV諸国の中ではベトナムの比率上昇が著しく（1996年17.2％➡2013年91.6％）[13]、成長にプラスの効果を持ったものと考えられる。

(2) 銀行その他の民間信用/GDP（%）（図表1−19）−日米の高水準とタイの上昇

商業銀行のみならずその他の金融機関も含めた指標では、商業銀行民間信用/GDPと異なり、日本の比率低下は見られない（2013年180.9％）。また、米国でも比率の増大・上昇傾向が見られる（2013年179.8％）。更に、タイの比率も上昇が見られる（2013年148.2％）[14]。米国・タイについては、この指

13　Financial Sector Assessment Vietnam 2014（World Bank（2014））によると、ベトナムでは2007年にベトナムのWTO加盟を受けて民間信用が大幅に増加したが（年率54％）、2008年には世界経済危機により縮小。その後、2009〜10年には財政記入緩和政策により増大、2011年には引き締めにより縮小する等、政策による民間信用の変動が大きい。

14　Country Partnership Strategy（CPS）Thailand 2013−16（ADB（2013））の金融部門評価によれば、タイの銀行部門は1997年のアジア金融危機後、力強い回復を示し、2008年の世界金融危機では健全な規制、国内預金による融資資金調達、劣後資産への融資の少なさ等により、あまり影響を受けずに済んだ、とされている。

図表1−19　銀行その他の民間信用/GDP（%）

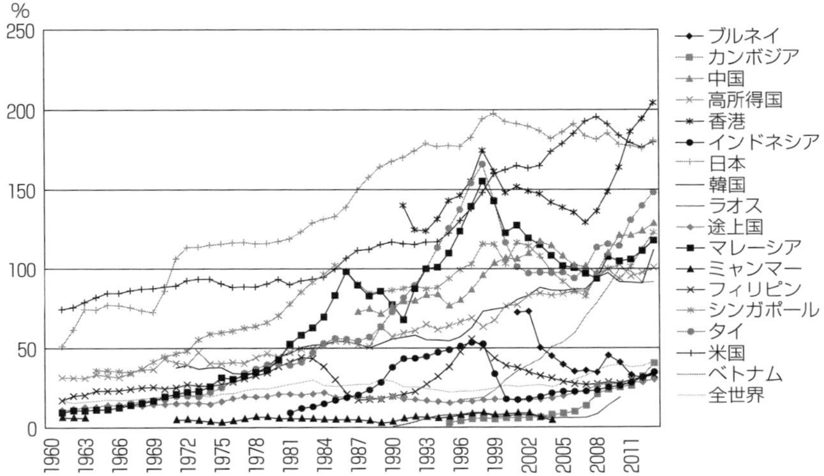

凡例：ブルネイ、カンボジア、中国、高所得国、香港、インドネシア、日本、韓国、ラオス、途上国、マレーシア、ミャンマー、フィリピン、シンガポール、タイ、米国、ベトナム、全世界

標の上昇が金融イノベーションとなり近年の高成長を支えていた可能性がある。

II　銀行アクセス

人口1000人当り銀行口座数（図表1−20）−全世界で大幅改善

　金融包摂性（financial inclusiveness）を表す「銀行アクセス」指標の中で頻繁に用いられるこの指標は、全世界的に大幅に改善し（2001年5.3➡13年558.8）、今や全世界で二人に一口座は持っている計算になる。東アジアではシンガポールが高水準（一人二口座以上）であり、タイは高所得国平均並み、フィリピンは全世界平均並みとなっている。

III　銀行効率

銀行預貸金スプレッド（%）（図表1−21）−東アジアの効率の高さ

　「銀行預貸金スプレッド」の低さは、銀行の経営「効率」の高さを表す。全世界平均は4.5〜7.5%程度であり、1998年以降低下傾向にある（但しシン

第1章　金融構造と経済成長〜東南アジアの証券市場育成支援は正しい方向か〜

図表1-20　人口1000人当り銀行口座数

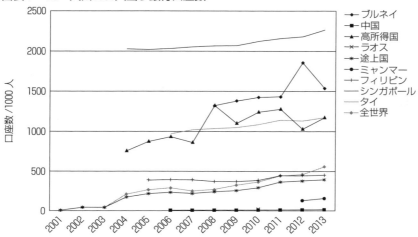

図表1-21　銀行預貸金スプレッド（%）

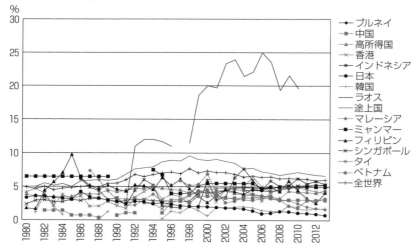

図表1-22 銀行Zスコア

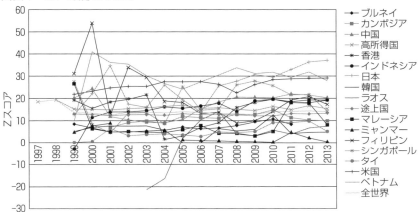

ガポールは上昇傾向[15])。東アジア各国では、ラオス[16]を除き、全世界平均よりスプレッドが小さく、第5節・Ⅱ項の分析の通り、この効率の高さが高い成長に寄与していると考えられる。特に、日本・韓国・マレーシア等のスプレッドが低い

Ⅳ 銀行安定性

銀行Zスコア（図表1-22）－日米ベトナムで高水準

　銀行の収益安定性を表す「Zスコア」については、近年、日本・米国・ベトナムが高水準で推移している。他方、CLM諸国に加え、タイのZスコアは低い。

---

15 IMF/世界銀行のFinancial System Stability Assessment 2013（IMF/World Bank (2013)）によると、シンガポールの金融システムは高度に発展し、規制・監督とも良好」であり、「収益性も高く分散投資も進んでいる」とされる。
16 ADBのCountry Partnership Strategy, Lao PDR 2012-16（ADB (2012a)）によると、「ラオスには小規模の銀行が多数存在し、」「個々の銀行のパフォーマンスに大きな違いがある」とされる。

V 証券深化

(1) 株式時価総額/GDP（%）（図表1－23）－香港・マレーシア・シンガポールの高さ

証券市場の「深化」指標として最も頻繁に利用される「株式時価総額/GDP」は、株価の動向を反映して全体としてアジア通貨危機、リーマン・ショック等の時期に低下し、景気回復とともに増大している。第3節で見た通り、この指標の高さは所得増大に寄与する。国・地域別にみると、香港の比率が圧倒的に高く、マレーシア・シンガポールの比率も高い。他方、米国の比率は他の東アジア諸国よりは高く、日本の比率は2012年には60.9％に低下している。

(2) 証券（国内外株式・債券）残高（時価総額）/GDP（%）（図表1－24）－世界的増大傾向

第3節、第5節で示した通り、証券時価総額/GDP比率の増大は所得水準・成長率の増大に大きく寄与する。この比率は全世界的に増大傾向にあるが、東アジアでは香港が株式残高/GDPの多さを背景に最大の比率となっており、日本・米国・マレーシア・シンガポール・韓国でも200％以上の高水準（高所得国平均以上）となっている。

VI 証券アクセス

10大企業以外の株式時価総額シェア（%）（図表1－25）－東アジアの広範なアクセス

図表1－14で成長に対し有意に正の効果を与えることが示された「10大企業以外の株式時価総額シェア」を見ると、東アジア各国の比率は高所得国平均より高く、広範なアクセスにより成長促進的となっている。日本の比率は60～80％程度の間を変動しているが、米国の比率は総体的に高い。東アジア

図表1-23 株式時価総額/GDP（%）

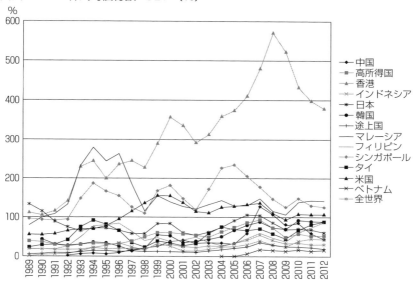

図表1-24 証券（株式・債券）残高/GDP（%）

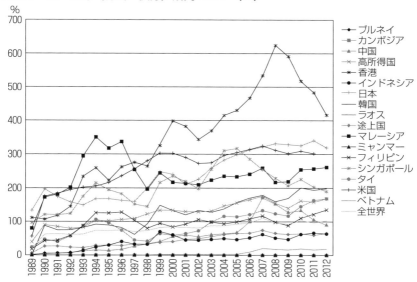

第1章　金融構造と経済成長～東南アジアの証券市場育成支援は正しい方向か～

図表1-25　10大企業以外の株式時価総額シェア（％）

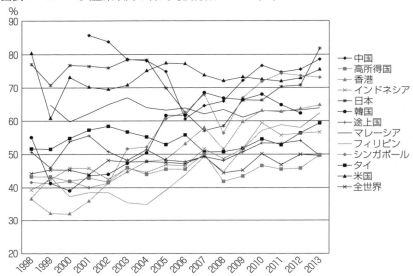

ではフィリピンの比率が比較的低く[17]、証券市場のアクセスの低さが成長に対してネガティブな影響を与えている。

VII　証券効率

株式回転率（％）（図表1-26）－米中韓の変動の大きさと日本の安定

　証券市場の効率指標として頻繁に使用される「株式回転率」は、高所得国平均に比べ、米国・東アジア（中国・韓国・タイ等）で高いが変動が大きい。他方、日本の株式回転率は50～150％程度で比較的安定している。

---

[17] ADBのFinancial Market Regulation and Intermediation Report 2009（ADB（2009））の金融部門評価によれば、「株式時価総額/GDPは54％と近隣諸国に比べて低く、新規上場も少なく流動性も低いので、投資家の参加が妨げられている。株式公開手数料の高さや企業情報の不適切さも投資家の参加を妨げる。最も取引の多い10銘柄だけで、総取引額の40％を占めている」とされる。

図表1-26　株式回転率（%）

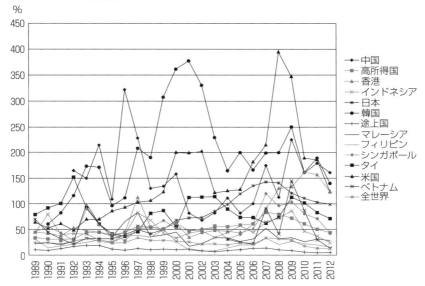

VIII　証券安定性

株価変動率（%）（図表1-27）－東アジアと世界の同時変動

　証券市場の（不）安定性を測る「株価変動率」について、従来、東アジア各国の株価は米国や全世界平均に比べ変動が大きく成長抑制的であったが、近年（2000年代）は全世界平均と同様のタイミングと変動幅で推移しており、成長抑制効果は抑えられている。

IX　金融構造

国内証券／民間信用比率（%）（図表1-28）－世界平均の方が高所得国より高い

　銀行と証券市場との相対的シェアで当該国における直接・間接金融の重要性を見たところ、ABMI等の政策努力もあり、東アジア各国の国内証券／民間信用比率（%）（図表1-28）は97-98年の通貨危機以降増加傾向にあ

図表1−27　株価変動率（％）

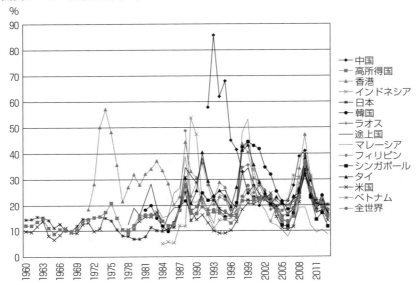

る。また、中国・CLMV諸国を除き、高所得国平均以上の比率となっている。その他、日本は国債増発を反映して増加傾向（93年83.7%➡12年147%）にあり、米国は157%〜186%程度で比較的安定的に推移している（高所得国平均100〜150%程度、全世界平均200〜300%程度）

このように、証券／銀行比率は必ずしも高所得国で高いわけではなく、「金融市場の相対的証券市場化」が高所得・高成長と直接結びついている訳ではないことが見て取れる。これまでの実証分析結果と併せて考えると、ある程度の開発・所得水準までは銀行部門を健全に拡大させ、その後、証券市場を発達させる政策・制度構築が持続的経済成長にとって望ましいと言えよう。

第7節

結び

本稿では、シュンペーター型内生的経済成長モデルや Quantile Regression（分位値回帰）等、近年発展してきた理論モデルや計量分析手法を用いて、

図表1−28 国内証券/民間信用比率（％）

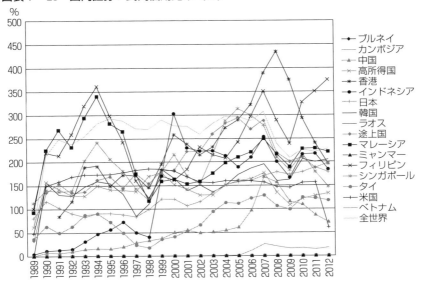

金融発展が経済成長に及ぼす影響を検証するとともに、近年世界銀行が編纂しているGlobal Financial Development Database（GFDD）を用いて東アジア各国の金融発展度・イノベーション度や金融システムの深度、効率性、アクセス度、安定性を検証し、各国金融システムの特性が成長促進的になっているかを検討してきた。これまでの分析で明らかになった点は以下の通りである。

(1) 理論的・実証的に金融・証券市場の発展は経済成長率と正の相関を持つ。
(2) 但し、経済発展の過程で、「証券市場」の経済に対する重要性が増大し「金融市場」の重要性が小さくなる傾向がある。これは、分位値回帰係数の推定結果から明らかである。
(3) 金融発展度・金融イノベーションと成長率・収斂との関係については、
①金融発展度（民間信用/GDP比率）の高まりは成長率と負の相関を持つが、金融イノベーション（民間信用/GDP比の増加率）の高まりは成長率と正の相関を持つ。

②金融発展度・金融イノベーションと当該国・金融先端国（米国）の所得水準差との交差項は、金融先端国との成長率差と有意に負の相関を持つ。すなわち、金融発展度・イノベーション度が高ければ先端国への所得収斂速度が高まり、成長率が高くなる。
(4) 東アジアの金融システム特性について、
　①東アジア各国は、①金融・証券市場が発展している「第4分位国」、②世界平均より高い「第3分位国」、③特に証券市場が発展していない「全体評価なし国」に分類できる。
　②各金融システム特性の成長促進効果についてパネルデータを用いて推定すると、金融市場では「深化」指標の「増加率」と「効率」指標の係数が、証券市場では「深化」、「アクセス」、「安定性」指標の係数が有意に正となっている。従って、金融市場では深度の高まり（増加率）と効率化が、証券市場では市場の存在自体（水準）が「イノベーション」となり、成長率の増大と関連していると考えられる。
　③金融と格差の関係について、GINI 係数を商業銀行民間信用/GDP でパネル回帰すると、その係数推定値は有意に負となり、金融発展が所得格差縮小と相関していることが判る。
(5) 東アジア各国の金融指標の進展については、
　① CLMV 諸国以外は、かなり高水準の証券市場が存在し、成長促進的金融イノベーションが存在する。特に東アジアでは、証券アクセス指標が高い。
　②ベトナム、香港は商業銀行民間信用/GDP 比が急成長しており、タイでも民間信用/GDP 比が上昇している。これらの国・地域での成長とともに、格差是正の進展を示唆している。
　③東アジア各国では証券市場の比重が増大しており、高所得での成長基盤が構築されてきている。
　今後、東アジアの成長モメンタムを保ち格差縮小を図るためにも、東アジア各国では、まず民間信用が健全に増大するよう金融基盤を整備するとともに、証券市場の未発達な CLM 諸国や低水準のベトナムでは、所得水準の上

昇に従って、今後証券市場の発展を促す施策が特に重要となろう[18]。

<参考文献>
- ADB (Asian Development Bank) (2009) *"Philippines-Financial Market Regulation and Intermediation Report 2009"*
- ADB (2012a) *"Country Partnership Strategy, Lao PDR 2012-16"*
- ADB (2012b) *"Country Partnership Strategy, Vietnam 2012-2015"*
- ADB (2013) *"Country Partnership Strategy ; Thailand 2013-16"*
- Aghion, Philippe and Peter W. Howitt (2009) *The Economics of Growth*, MIT Press
- Beck, Thorsten., Asli Demirguc-Kunt, Ross. Levine (2007) *"Finance, Inequality and Poor" Journal of Economic Growth 12(1), pp.27-49*
- Beck, Thorsten., Ross. Levine, and N. Loayza, (2000). *"Finance and the Sources of Growth", Journal of Financial Economics 58, 261-300.*
- Beck, Thorsten, and Ross Levine, (2002) *"Industry Growth and Capital Allocation: Does Having a Market or Bank-Based System Matter?" Journal of Financial Economics 64, 147-180.*
- Cihak, Martin, Asli Demirguc-Kunt, Erik Feyen, Ross Levine (2012) *"Benchmarking Financial Systems around the World"* Policy Research Working Paper 6175, World Bank
- Cline,William R. (2015) *"The Financial Sector and Growth in Emerging Asian Economies"* WP 15-5, Peterson Institute for International Econom-

---

[18] 本稿の所得・成長率推定では、所得・成長率の上昇が金融発展を促す「内生性」の可能性が否定できない。グランジャーの因果性テストでも所得・成長率がグランジャーの意味で金融発展と因果性を持っている。但し、金融発展が所得・成長率上昇の「信用制約」を除去するものであれば、所得・成長率の上昇が先行することもあり得る。今後、金融の特性と内生性とを配慮した2段階GMM等の推定方法を検討していく必要がある。

また本稿では、どのような所得水準・金融制度を持つ国に、どのような「金融イノベーション」が必要かについての個別具体的な分析は行っていない。所得水準に応じた銀行信用と証券市場との「最適比率」、収斂速度の加速因子としてのFin Techの可能性等、今後の検討課題としたい。

本稿の作成・推稿に当たり、成城大学・中田真佐男教授やアジア資本市場研究会メンバー各位から極めて有益なコメントを頂いた。改めて感謝したい。

ics
- Cuadros-Saez, Lucia and Alicia Garcia-Herrero (2009) *"Finance for Growth: Does a Balanced Financial Structure Matter?" Revue Economique*
- Davis, E. Philip and Yuwei Hu (2004) *"Is there a Link between Pension Fund Assets and Economic Growth? – A Cross-country Study"* Pension Institute Discussion Paper PI-0502
- Demirguc-Kunt, Asli, Ross Levine (2008) *"Finance, Financial Sector Policies, and Long-Run Growth"* World Bank
- Demirguc-Kunt, Asil, Erik Feyen and Ross Levine (2012) *"The Evolving Importance of Banks and Securities Markets"* NBER Working Paper No. 18004
- IMF (International Monetary Fund) (2016) *International Financial Statistics*
- IMF/World Bank (2011) *"China-Financial Sector Assessment (FSA) 2011"*
- IMF/World Bank (2013) *"Singapore-Financial System Stability Assessment 2013"*
- King, R. G. and Ross Levine (1993), *"Finance, Entrepreneurship, and Growth: Theory and Evidence", Journal of Monetary Economics, 32: 513-542*
- Laeven, Luc, Ross Levine and Stelios Michalopoulos (2014) *"Financial Innovation and Endogenous Growth", NBER Working Paper No. 15356*
- Levine, Ross, and S. Zervos (1998). *"Stock Markets, Banks, and Economic Growth." American Economic Review* 88, 537-558.
- World Bank (2015) *"Global Financial Development Report 2015/2016"*
- World Bank (2016) *Global Financial Development Database*
- World Bank (2016) *Global Development Indicator Database Online*
- 木原隆司（2009）「東アジアの高齢化とグローバル化」浦田秀次郎・財務省財務総合政策研究所編『グローバル化と日本経済』第5章、勁草書房
- 木原隆司（2010）「東アジアの金融構造の進展と経済成長」経済学研究第

76巻第5号、九州大学経済学会
・木原隆司（2015）「ASEANの人口動態と金融資本市場」アジア資本市場研究会編『ASEAN金融資本市場と国際金融センター』第3章、日本証券経済研究所

第2章

国際機関とCLMV諸国（カンボジア、ラオス、ミャンマー、ベトナム）

第1節

はじめに

　カンボジア（Cambodia）、ラオス（Lao People's Democratic Republic）、ミャンマー（Myanmar）、ベトナム（Viet Nam）の頭文字をとって、CLMV諸国と総称される4カ国は、インドシナ半島に位置している東南アジアの発展途上国である。東南アジア諸国連合（Association of South East Asian Nations: ASEAN）に、1990年代後半に相次いで加盟したが、1967年創設時からのメンバーであるインドネシア、シンガポール、タイ、マレーシア、フィリピンや1984年に加盟したブルネイに比べると、経済開発が遅れている。ASEANでは、2015年末、ASEAN経済共同体（ASEAN Economic Community: AEC）を発足させた。AECでは、ヒト、モノ、サービス、投資などの移動の自由化、各種基準の共通化や相互承認を進めることになっている。その際、障害になるのが、域内の経済格差の大きさである。そのため、域内の経済統合を進めるため、CLMV諸国の経済開発の加速が喫緊の課題となっている。

　それには、これら諸国における人材の開発が鍵を握る。CLMV諸国は、中央計画経済から市場経済への移行過程にある、いわゆる移行経済国（Transition Economies）である。従来から、ベトナム、ラオスなどは、社会主義体制の下で、計画経済を運営してきており、その分、市場経済運営に対するノウハウの蓄積が足りず、国有企業や国有商業銀行などでは、政府の経営への介入が根強く残っている。また、ミャンマーでも軍事政権の下で、長らく海外から孤立してきた。そのため、マクロ経済政策運営や金融制度の構築、運営に関する人材育成のニーズが大きい。そこで、IMF（International Monetary Fund：国際通貨基金）、世界銀行グループ（World Bank Group）、ADB（Asian Development Bank：アジア開発銀行）などの国際機関が、人材開発に力を入れてきている。

　本章の執筆に当たっては、基礎資料の収集や図表作成の点で、一橋大学からのインターン渡邊直朗氏に大変お世話になった。

本章では、まず、CLMV 諸国の概要と各国際機関の技術支援の状況を概説する。次に、ADB の組織、機能と ADBI（Asian Development Bank Institute：アジア開発銀行研究所）の組織、機能を順に解説する。さらに、インドシナ半島を縦断する大河メコン川流域の大メコン経済圏（GMS: Greater Mekong Subregion）の開発を提唱し、先導してきた ADB の取り組みを紹介する。その上で後半では、各国別に、マクロ経済と金融セクターの課題を概観し、それに対する国際機関の技術支援の取り組み例を紹介していく。最後に、CLMV 諸国における国際機関の活動の意義を考察する。

第2節

CLMV 諸国のマクロ経済および金融セクターに対する国際機関の貢献

I　CLMV 諸国基礎データ

2015年の基礎データから一人あたりのGDPを計算すると、カンボジアが1,155ドル、ラオスが1,809ドル、ミャンマーが1,204ドル、ベトナムが2,111ドルとなり、インドネシアの3,346ドル、マレーシアの9,766ドル、フィリピンの2,900ドル、タイの5,817ドルと比べて、かなり低い。しかし、経済開発が遅れている分、条件さえそろえば成長の余地も大きく、各国とも7％程度の成長率を記録しており、このままのペースが続けば、徐々に、ASEAN 域内の経済格差を縮めていくことができると期待される。

また、4カ国の中では、人口が9,170万人と最も多いベトナムの経済規模が大きく、すでにチャイナ・プラス・ワンとして、海外から多くの直接投資を受け入れている。また、人口5,390万人とタイに匹敵する人口を有し、中国、インド、タイと国境を接するミャンマーでは、近年の制裁緩和を受けて、先進国からの直接投資の増加が見られる。そして、タイと隣接するカンボジアでも、タイ・プラス・ワンとして、日系企業の集積するタイから一部の工程をタイに移動させる動きがみられる。さらに、内陸国で、4カ国中、

人口が、最も少ないラオスでも、交通網の整備により、工場の立地がみられるようになっている。総体的に、タイを中心にしてその東西で、サプライチェーンの拡大がみられ、また、ベトナムでは、長い海外線と中国南部の華南経済圏と隣接する好立地を生かして、工業化が進んでいる。このように、CLMV諸国は地政学的にも中国とインドの間の重要な位置を占めている。

図表２－１　基礎データ（2015年）

	カンボジア	ラオス	ミャンマー	ベトナム	インドネシア	マレーシア	フィリピン	タイ
人口（万人）	1,558	680	5,390	9,170	25,756	3,033	10,069	6,796
GDP（億ドル）	180	123	649	1,936	8,619	2,962	2,920	3,953
GDP成長率(%)	7.0	7.0	7.0	6.7	4.8	5.0	5.8	2.8
インフレ率(%)	1.2	1.3	10.8	0.6	6.4	2.1	1.4	－0.9

（出所）世界銀行

Ⅱ　各国際機関の役割分担

各国際機関では、それぞれの任務（マンデート）と強みに応じて、重層的な支援を行っている。

第１に、IMFは、加盟国による国際的支払いの円滑化と安定的な国際通貨制度の維持によって、世界貿易の拡大を図り、加盟国と世界経済の持続的な成長を支援することを任務としている。IMFは加盟国が国際収支危機に陥った場合には、短期の国際収支支援を行い、その際、支援プログラムの一部として、財政金融政策や構造改革を内容とする条件（コンディショナリティー）を付ける。いわば、危機が起こった際の火消し役である。

それに劣らず重要なIMFの役割は、危機を防止するための、政策監視（サーベイランス）である。IMFはIMF協定第４条の規定に基づき、原則、

毎年、加盟国との間に 4 条協議と呼ばれる政策対話を行っている。これは、IMF スタッフが加盟国を訪問し、財務省や中央銀行との集中的な討議を行い、加盟国の経済情勢、経済見通し、財政金融政策や構造問題などに関し、レポートを作成し、IMF 理事会に提出し、そこで、審議するものである。近年、ますます多くの国で、その報告書（スタッフレポート）が公表されるようになっており、各国経済について知る上で、重要な資料となっている。

　そのため、技術支援においても、外国為替制度や金融政策、特に、中央銀行の独立性の向上や財政政策の枠組みなどに関する制度作りや統計整備に力を入れている。IMF は、シンガポールに IMF シンガポール研修所（IMF-Singapore Regional Training Institute: STI）を置き、アジア太平洋地域の経済・財政金融当局者を中心に、1 週間から 2 週間程度の研修をシンガポール内外で実施している。筆者も2011年から2015年にかけて、国際経済コンサルタントとして、STI で当局者向けにマクロ経済政策の講義をしてきた。研修では、アジア危機直前のタイのマクロ経済データを用いて、表計算ソフトのエクセル（Excel）を操作して経済予測を行い、経済の脆弱性を見つけるなど、実践的な内容となっている。なお、最近、演習に使用するデータは、世界金融危機の際のインドネシアの例にアップデートされた。また、ベトナムに出張し、ラオス、カンボジアとあわせ、3 カ国の当局者を対象に 2 週間の研修を行った。さらに、ミャンマーの当局者だけを対象として30名ほどシンガポールに招聘して、2 週間の研修を行った。なお、我が国は、アジア地域の人材育成に資するため、STI に対して、財政支援を行っている。

　また、IMF は、ミャンマーとラオスへのマクロ政策などの技術支援を強化するため、2012年 9 月に、バンコク（タイ国立銀行内）に、Technical Assistance Office for the Lao PDR and the Republic of the Union of Myanmar（TAOLAM）を設立し、さらに2015年からは、カンボジアとベトナムも支援対象に追加している。現在、我が国の財政支援により、公会計・財政管理（public financial management）、通貨管理・金融調節（monetary operations）、財政統計（government finance statistics）、国際収支統計（external statistics）、及び、マクロ経済（macroeconomics）の 4 人の専門家が常駐している。

第2に、世界銀行グループには、第一世銀とも呼ばれる国際復興開発銀行（International Bank for Reconstruction and Development: IBRD）が、トリプルAの格付けを活かして、市場から低利で調達した資金を開発途上国の開発のためのプロジェクトに貸し付けるほか、第二世銀と呼ばれる国際開発協会（International Development Association: IDA）が、日本などの先進国等からの補助金をもとに、譲許的な条件（無利子、長期等）で貸し付けるものや、民間向けに投融資を行う国際金融公社（International Finance Corporation: IFC）、直接投資に対する政治リスクをカバーする多数国間投資保証機構（Multilateral Investment Guarantee Agency: MIGA）など多様な機関が開発金融を担っている。

　世界銀行グループでは、近年、加盟国政府との協議や市民団体などのステークホルダーとの対話を重視しており、アメリカのワシントンDCにある本部よりも、加盟国と協議しやすい現地事務所に権限を移し、人員も強化している。CLMV諸国でもそれぞれ、プロジェクトの発掘や政策対話のため、エコノミストや金融、環境評価の専門家、エンジニア、医療、教育など各分野の専門家など、かなり大規模なスタッフが働いている。技術支援の分野では、国ごとのニーズに応じて、予算・税制、とりわけ、財政管理や統計、金融に関する制度などの構築を支援している。

　第3に、地域の金融協力機構として、通貨危機の際に外貨準備を相互に提供しあう、ASEANと日本、中国、韓国によるマルチ化された通貨スワップ網、マルチ・チェンマイ・イニシアティブ（Chiang Mai Initiative Multilateralisation: CMIM）のサーベイランス（政策監視）ユニットであるAMRO（ASEAN + 3 Macroeconomic Research Office: ASEAN + 3 マクロ経済リサーチオフィス）が、CLMV諸国に対して、通貨危機を防止するための政策監視と技術支援の活動を行っている（財務省ホームページ「チェンマイ・イニシアティブ（CMI/CMIM）について」参照 http://www.mof.go.jp/international_policy/financial_cooperation_in_asia/cmi/）。AMROは、2011年4月にシンガポール法人として設立され、2016年2月に国際機関化した。（AMROのホームページは、http://www.amro-asia.org）。

　CMIMは、アジア通貨危機の際、IMFの融資可能額だけでは、大規模な

資本収支型危機に対応するのに十分な資金が確保できなかったため、日本などが2国間支援を提供したことをきっかけとして、IMFを補完する地域金融協力機構として、徐々に整備されてきた2国間の通貨スワップ網をマルチ化したものであり、CLMV諸国の最大引き出し可能額は、それぞれベトナム100億ドル、カンボジア12億ドル、ミャンマー6億ドル、ラオス3億ドルとなっている。これは、それぞれ貢献額の5倍にあたる額である。なお、CMIMは現在、総額2,400億ドルで、日中韓で8割、2：2：1の割合で貢献している。残りの2割をASEANが貢献しており、その大半を、原加盟5カ国で均等に分担している。

AMROは2016年2月に国際機関化するとともに、それまでの経済の政策監視の業務に加え、①CMIMの事務局としての機能と、②国際収支統計分野を中心とした技術支援とを、その業務に加えることとなった。後者については、CLMV諸国からAMROに対して技術支援の要請があったことを背景としており、日本、中国などがその資金を供与することを表明している（技術支援開始は2017年から）。

第3節

ADB（アジア開発銀行）の役割と組織、機能と特徴

I 役割と組織

　開発金融を通じて発展途上国の経済発展を支援する国際機関である開発金融機関には、全世界（グローバル）を対象とする前述の世界銀行グループと、特定地域の発展途上国のみを対象とする地域開発金融機関がある。ADBは、アジア太平洋地域の貧困削減を図る地域開発金融機関として1966年に創設された。2016年はADB創設50周年の節目の年であり、ADB本部では、次の50年に向けてADBがアジアの経済発展に果たす役割について活発な議論が行われている。また、2017年5月には、横浜において、50回目の

年次総会（Annual Meeting）を開催するべく準備が進められている。

　ADB本部は、フィリピンのマニラにあり、現加盟国数は67（域内の発展途上国と域内外の主要な先進国）、約1,000名の専門職員と約2,000名の補助職員が勤務している。加盟国は12のグループに分かれ、各グループを代表する計12人の理事が本部に常駐している。スタッフが立案する基本政策や個別案件（融資、投資等）はすべて理事会にかけられる。個別案件組成の中心になるのは、5つの地域局（東アジア局、東南アジア局、南アジア局、中央・西アジア局、太平洋局）である。また、主な加盟発展途上国（Developing Member Countries: DMC）には、駐在員事務所（Resident Missions）が設置されている。ADB全体の基本政策の策定の中心となるのは、戦略・政策局（Strategy and Policy Department）、及び持続的開発・気候変動局（Sustainable Development and Climate Change）等の知識関連部局である。

II　機能と特徴

　ADBの主たる業務は、①DMCに対するプロジェクト融資（交通、エネルギー等）や②プログラム融資（医療、教育、金融等各種の構造改革に要する費用に係る支援）、③プロジェクトやプログラムの準備・執行あるいはキャパシティ・ビルディング（Capacity Building：政府職員等の能力開発）に係る技術支援（Technical Assistance: TA）である。近年は投資をはじめとした対民間セクター支援も重要性を増している。各DMCに対しては、国別に支援戦略が策定される。CPS（Country Partnership Strategy）と呼ばれるもので、当該政府をはじめ関係機関との協議を経て策定される。柱となる財源は、加盟国からの拠出金（我が国は、最大の出資国）及び市場で発行される債券であり、後者はいわゆるアジア開発銀行債として広く一般投資家にも購入されている。

　発展途上国に長期の開発資金を提供するという点で、世銀グループとADBのミッションは共通している。ともに、インフラ・プロジェクトに対して融資を行っている。ただ両者をあえて比較すると、援助哲学として、前者は相対的に医療・教育など社会セクターを重視する傾向が見られるのに対

し、ADBは一貫して、インフラが経済発展に果たす役割を重視してきたといえるだろう。これは、貧困削減の方法論として、インフラ建設によって産業を興し、経済発展によって全体のパイを増やすか、貧困削減に直結する医療、初等教育に投資するかという援助戦略の違いに関係する。

　我が国の援助政策は、円借款という形で、長期低利の譲許的な資金（市場金利よりも低い資金）をアジアに重点的に提供し、アジアの工業化に貢献してきた。有償資金の利用は、それを借りて経済開発に取り組む発展途上国にとっても、経済開発の企画、運営のノウハウを蓄積する上で有益である。こうした考え方が、ADBの運営にも影響を与えてきたと考えられる。アジアとアフリカを比較してみると、アジアではADBの資金を有効に活用して、工業化が順調に進み、ADBへの返済が滞りなく行われたのに対し、アフリカでは、世銀グループやアフリカ開発銀行（African Development Bank: AfDB）が進めた構造調整政策がうまく行かず、債務の削減や帳消しを行わざるを得なくなったという違いが見られる。

　ADBは長期の開発資金を提供するのが使命であり、短期の国際収支支援は原則としてIMFの仕事であるが、必要に応じて、DMCに対して、財政支援を行っている。たとえば、2015年には、資源価格の下落によって財政事情が悪化したカザフスタンに対して、10億ドルの財政支援（Countercyclical Support）を行った。また、地域金融協力についても、本来、国際通貨制度の安定を図るというIMFの使命を補完する領域ではあるが、Asia Bonds Online（https://asianbondsonline.adb.org/）を運営するなど、ASEAN＋3が進めるアジア債券市場育成イニシアティブ（Asia Bond Market Initiative: ABMI）を統計・調査など技術面で支えているほか、ASEAN＋3の地域協力機関であるAMROとも密接に協力している。

第4節

ADBI（アジア開発銀行研究所）の役割と組織、機能と特徴

I　役割と組織

　ADBIはADBのシンクタンクとして、1997年、東京に設立された。2016年11月末現在、吉野直行所長の下、ADB加盟先進国の日米英独加豪韓や、同発展途上国の中国、ベトナム、フィリピン、タイ、インドネシア等十数カ国から、研究員、研究補助員、事務補助員等総勢五十数名の職員が働いている。組織構成は、研究部（Research）、能力開発・研修部（Capacity Building and Training）、総務部（Administration, Management, and Coordination）の3局体制となっている。

　研究部では、アジア太平洋地域の開発政策の潮流とDMCの政策決定に影響を与える高度で実践的な研究を行っている。研究テーマの選択に当たっては、ADBの優先セクターやテーマ、ニーズの年次サーベイ、地域の政策決定者やパートナーからのインプットを参考にしている。また、One ADB Policyの下、マニラのADB本部の知識関連部局や地域局と密接に情報交換をしている。現在、主な研究トピックは、以下のとおりである。

- インフラ投資（Infrastructure Investment）
- 中小企業（Small and Medium-sized Enterprises (SMEs)）
- アジアの住宅政策と包括的成長（Housing Policy for Inclusive Growth in Asia）
- 中央と地方政府の関係（Central-Local Government Relations）
- アジアの都市化（Urbanization in Asia）
- 金融包括・規制・教育（Financial Inclusion, Regulation, and Education）
- 対外ショックとアジアの経済成長（External Shocks and Economic Growth in Asia）

能力開発・研修部では、DMC 政府の中堅・幹部職員を対象に、能力開発と研修を行っている。この活動を通じて、地域の開発における重要課題に対する理解を深め、それに対する適切な政策提言を提示し、政策決定者と関係者の間でコンセンサスを作り出すことを目指している。活動の形態には、政策対話、研修コース、e-learning の三つがある。こうしたフォーラムを設けることにより、開発に関する各国の経験を互いに議論し合い、情報を共有する機会を提供している。

　総務部では、人事・予算・IT システム・広報などを所管している。総務部では、近年、ADBI の研究成果や ADBI 主催の各種国際会議や研修の結果などで得られた知識が、各国・各界に広く共有されるよう、電子媒体を通じた広報活動を強化している。また、2015年にアジア・シンクタンク事務局を設置し、アジアのシンクタンクのネットワーク作りを進めている。2016年5月には、ADB の年次総会にあわせ、横浜で、グローバル・シンクタンク・サミットを開催する予定である。

Ⅱ　機能と特徴

　ADBI では、エコノミスト（Economist）など専門職員は、十数名に過ぎないが、毎年、英語で影響力のあるレポート、書籍、ワーキング・ペーパーを多数発表するほか、多くの DMC の政府職員に研修の機会を提供している。たとえば、2010年に ADB と共同で出版した『シームレス・アジアに向けたインフラストラクチャー』（Infrastructure for Seamless Asia）では、向こう10年間で、アジアのインフラ整備のニーズが8兆ドルに上るという試算を示し、AIIB（Asia Infrastructure Investment Bank：アジアインフラ投資銀行）の設立構想に影響を与えた。

　少ない人数で大きな成果をあげることを可能にしている第1の理由は、ADB 本部との連携である。ADB には、アジアの開発に関わってきた50年間の知識と経験が蓄積されている。アジアは実に多様な地域から構成されているが、経済的にとてもダイナミックな地域であり、開発の現場では、常に、新たな課題とそれに対する解決策が生まれている。

第2に、東京に位置する地理的特性を生かし、東アジアとりわけ、日本の経験を生かしている。我が国は、1968年に西ドイツを抜いて、世界第二位の経済大国になって以来、2010年に中国に抜かれるまで、40年以上にわたり、その地位を維持してきた。現在、人口の減少と高齢化によって将来不安が高まっているが、戦後の目覚しい復興と高度成長は、今なお、世界の発展途上国の希望の灯火である。

　第3に、IMF，OECD（Organization for Economic Co-operation and Development：経済協力開発機構）、AMROなど他の国際機関と共同で国際会議を開催し、マクロ政策、高齢化と社会保障、エネルギー、気候変動、地域金融協力、フィンテック（Fin-tech）など、各国にまたがる課題や先端的なトピックに、アジアの発展途上国の政策担当者が触れ、専門家も交えて互いに議論する場を提供している。

　CLMV諸国は、今ちょうど高度成長に差し掛かったところであり、日本の高度成長の経験に対する関心が非常に高い。旺盛なインフラ需要にこたえるため、ADBIでは、税制整備による税収確保、郵便貯金制度による国内貯蓄の動員、年金や生命保険などの整備により、長期投資に適した金融手段の開発、長期信用銀行制度、財政投融資制度、中小企業金融、金融教育など、総合的なメニューを用意して、各国のニーズにこたえている。

第5節

大メコン経済圏（GMS: Greater Mekong Subregion）開発とADB

　大メコン経済圏は、メコン川流域の6カ国、すなわち、CLMV 4カ国と中国（特に、雲南省と広西チワン族自治区）、タイで構成される。6カ国は、1992年、ADBの支援の下、農業、エネルギー、環境、人材開発、投資、通信、観光、交通インフラ、及び交通・貿易促進の分野で、地域経済協力をスタートさせた。

　ADBでは、開発金融機関として、GMS諸国に長期の開発資金を提供す

る。また、GMSのプログラムに対して、様々な技術的助言を提供し、その事務局として調整機能を発揮する。さらに、誠実な仲介者（Honest broker）として、地域の政治レベル及び実務レベルの対話とステークホルダー（利害関係者）の間での協議を支援する。

　ADBは、JICA（Japan International Cooperation Agency：国際協力機構）など開発パートナーや、中国輸出入銀行など参加国の資金とあわせ、道路、空港、鉄道の整備、水力発電の電力の国境を越えた供給、観光インフラ、都市開発、感染症対策に、2011年までに、総額150億ドルの支援を行っている。

　中国は、中国南部からインドシナ半島を縦断する複数の南北回廊と呼ばれる交通インフラの整備に力を入れている。これに対して、我が国は、インドシナ半島を横断して、ベトナム、ラオス、タイ、ミャンマーを繋ぐ東西回廊やベトナム、カンボジア、タイ、ミャンマーを結ぶ南部回廊の整備を重点的に支援している。

　国境を越えた貿易を促進するためには、こうしたハードのインフラ整備に加えて、税関手続きなどソフトのインフラ整備も重要である。ADBでは、税関でのITシステムの導入や職員の能力開発のためのワークショップ開催を、我が国の財政支援も受けながら進めている。ADBIでも、カンボジアで、貿易に関するワークショップを開くなど、貿易のための援助（Aid for Trade）や貿易円滑化（Trade Facilitation）に積極的に取り組んでいる。

■ 第6節

カンボジア経済の課題と国際機関の技術支援

　カンボジアでは、自国通貨リエルの価値に対する信認が低いため、国内で支払い手段や価値貯蔵手段として、ドルが使われている。いわゆるドル化（Dollarization）経済であり、現金流通量のうち実に9割がドルで占められている。ドル化経済には、外国からの投資を受け入れやすいというメリットがある一方、中央銀行が最後の貸し手として機能できないという問題があ

る。つまり、外国の銀行がカンボジアに進出しやすいというメリットがある反面、中央銀行の金融調節手段は限られている。中央銀行が物価抑制のために、民間銀行の貸し出しを制限しようとする場合、外貨建て預金の預金準備率の引き上げが行われる。これが引き上げられると、民間銀行による貸し出しが制限されるので、民間銀行による信用創造が抑制される。

　しかし、民間銀行が流動性危機に陥った場合、中央銀行が流動性を供給するために、民間銀行に貸し出しをする機能は著しく制限される。それは、ドル化経済では、銀行の取り付け騒ぎ（Bank Run）は、外貨（ドル）で起こるが、中央銀行が無制限に流動性を供給できるのは、あくまで自国通貨であるからである。つまり、自国通貨をマネタリー・ベースとして民間銀行に供給するという、通常の最後の貸し手機能が使えないのである。そのため、中央銀行はドル化経済からの脱却を掲げているが、急激なリエル普及策には慎重姿勢をとっている。

　ドル化経済を脱却するためには、通貨リエルに対する国民の信認を高めなければならない。それを実現するためには、中央銀行の規制能力の向上を含め、金融制度改革を着実に進めていく必要がある。ADBの国別支援戦略では、金融セクター支援ではADBが引き続き中心的役割を担うこととされている。具体的には、金融インフラの更なる改善、中央銀行の規制能力の強化、規制改革、制度改革を通じたマイクロファイナンスの拡大、中小企業金融改革、保険業の育成といった点で、技術支援を行っている。そのため、2001年以降、累次にわたって、金融セクタープログラムローンが組まれている。

　次に、その他の分野における国際機関の活動について、2015年のIMF 4条協議のスタッフレポートの付属文書（Staff Report for the 2015 Article IV Consultation-Information Annex）では、世銀・IMF、ADBの活動について、それぞれ以下のとおり言及している。

　世界銀行とIMFのカンボジア担当チームは、カンボジアのマクロ経済及び構造的課題について緊密な協力と活発な対話を継続している。直近の連携・調整の重要分野は、当局へのマクロ経済政策の助言、金融セクター改革と金融セクター評価プログラム、公的財政管理及び徴税・関税行政改革、貿

易円滑化及び民間セクター開発、IMF の 4 条協議、そして、構造改革である。これらのパートナーシップに基づき、カンボジアのマクロ経済構造改革の優先的分野は、持続的な成長、公的財政及び負債管理、金融システム安定に資するセーフガード作りと金融政策の効率性向上、そして、ガバナンスの向上であるという共通の認識を世界銀行と IMF は持っている。

ADB からカンボジアへの融資・技術協力・贈与のセクター別内訳は、農業・天然資源及び農村開発が最も多く、次に教育分野、エネルギー分野と続き、金融分野は 4 番目に位置している。ADB はカンボジアに対して国別支援戦略（Country Partnership Strategy）2014－2018を策定済みで、これにより貧困削減と脆弱性の削減に寄与することを目指している。これらの（脆弱性）削減項目はカンボジア政府の経済改革優先項目とも一致している。国別支援戦略は、ADB ストラテジー2020の中間見直し（ミッド・ターム・レビュー）の 3 つの戦略的アジェンダである、（ⅰ）包括的経済成長、（ⅱ）環境的に持続可能な成長、そして（ⅲ）地域協力及び統合も踏まえている。

第 7 節
ラオス経済の課題と国際機関の技術支援

ラオスは ASEAN 唯一の内陸国という地理的制約に加え、近隣国との交通インフラも脆弱であったため、これまで外国からの直接投資は、鉱業や水力発電など資源開発分野のものが中心となっている。しかし、近年は ADB などの支援による幹線道路の整備やメコン川をまたぐ橋梁の建設が進み、物流が改善され、外国企業から製造業の生産拠点として注目され始めている。

他方、人口が700万人弱と労働力が限られていること、義務教育や職業訓練制度が発達していない等の理由により、今後もタイでの生産工程の一部のみを移管する「タイ・プラス・ワン」としての位置づけにとどまるとの見方もある。工業化による産業振興のためには、産業人材の育成につながる基礎教育の充実、中小企業による資金調達環境の改善、法整備の進展及び運用面での透明性など投資環境の一層の改善が必要である。

以下、ラオスの中小零細企業による資金調達環境改善のための ADB プロ

グラムの TA（技術支援）報告書の設計・監視枠組み（Design and Monitoring Framework）を掲載する。ここからは、プログラムの目標と、その進捗状況、課題などが見て取れる。

Lao People's Democratic Republic: Strengthening Access to Finance for Micro, Small, and Medium-Sized Enterprises Project Data Sheet

➢ Status: Active
➢ Source of Funding: TA 8848-LAO, Japan Fund for Poverty Reduction
➢ Amount: US$ 1.50 million

Technical Assistance Report

図表2－2　DESIGN AND MONITORING FRAMEWORK

Design Summary	Performance Targets and Indicators with Baselines	Data Sources and Reporting Mechanisms	Assumptions and Risks
Impact インパクト Higher income of MSMEs in the targeted subsector 対象サブ・セクターの中小零細企業の収入増加	By end of 2018: Average income of MSMEs in target subsector increased (2015 baseline and percentage increase: to be determined during needs assessment) 2018年末まで：対象サブ・セクターの中小零細企業の平均収入の増加（2015年のベースラインと増加率はニーズ査定の中で決定）	Subsector needs assessment report サブ・セクターのニーズ査定報告 ADB review mission ADB レビュー・ミッション Monitoring and evaluation reports モニタリング及び評価報告	Assumption 前提 Removing identified barriers to accessing finance will increase utilization ファイナンスへのアクセス障壁を取り除くことで、ファイナンス利用が増加する

Design Summary	Performance Targets and Indicators with Baselines	Data Sources and Reporting Mechanisms	Assumptions and Risks
	Increase in the number of employees employed by MSMEs (2015 baseline and appropriate increase: to be determined during needs assessment) 中小零細企業の雇用者数の増加（2015年のベースラインと適切な増加率はニーズ査定で決定）		Risk リスク MSMEs in selected subsectors affected by other risk factors not related to access to finance 対象中小零細企業はファイナンスへのアクセスとは別のリスクの影響を受けている
Outcome 結果 Increased quality lending to MSMEs in targeted subsector 対象サブ・セクターの中小零細企業への四半期貸付の質の向上	By end of 2016: At least 75% of loan applications made by MSMEs in target subsector approved (baseline to be determined during needs assessment) 2016年末まで：対象サブ・セクターの中小零細企業からの借入申請のうち最低75％を承認（ベースラインはニーズ査定で決定）	SME products and services advisor TA report (determined through interviews with financial service providers) 中小企業の製品とサービス・アドバイザーの技術協力報告 ADB review mission ADBによるレビュー・ミッション	Assumption 前提 MSMEs actively make use of assistance provided 中小零細企業による積極的な支援の利用 Risk リスク MSMEs unable to implement

Design Summary	Performance Targets and Indicators with Baselines	Data Sources and Reporting Mechanisms	Assumptions and Risks
	50% of approved applications are for women-owned businesses 貸付承認のうち50%は女性オーナー向けとする	Monitoring and evaluation reports モニタリングと評価レポート	capacity development sufficiently 中小零細企業が十分に能力開発できない
Outputs アウトプット 1. Strengthened capacity of MSMEs to access finance 中小零細企業の資金調達へのアクセス強化	By end of 2016: Assessment report including indicators for monitoring changes in baseline status of subsector MSMEs 2016年末までに：サブ・セクター中小零細企業のベースラインからの変化をモニターするための指標を含めた査定報告	Subsector needs assessment report サブ・セクターの査定報告 ADB review mission ADBによるレビュー・ミッション	Assumption 前提 MSMEs and financial service providers willing and able to provide relevant information for assessment 中小零細企業と金融サービス提供者とが協力して査定のための関連情報を提供 Risk リスク Difficulty in collecting data prevents

Design Summary	Performance Targets and Indicators with Baselines	Data Sources and Reporting Mechanisms	Assumptions and Risks
			accurate baseline データの収集が困難なことによる正確なベースライン作成が不能となること
	By end of 2016: 10 training activities and/or workshops are for MSMEs in target subsector on capacity development (business planning, financial education, management skills development, understanding relevant business rules and regulations, knowing how to interact with commercial banks and make use of services available) 2016年末までに：対象サブ・セクターの中小零細企業の能力向上に関する10回の研修または講習会	Monitoring and evaluation report ADB review mission	

Design Summary	Performance Targets and Indicators with Baselines	Data Sources and Reporting Mechanisms	Assumptions and Risks
	（事業計画、金融教育、管理能力の向上、関連ビジネス法規制の理解、銀行とそのサービスの利用方法） Monitoring and evaluation framework developed, including TA project's impact on women entrepreneurs 女性起業家に関する技術支援の影響を含む、モニタリングと評価の枠組みの開発		
2. Improved financial services available to MSMEs 中小零細企業が利用可能な金融サービスの向上	By 2016: 5 formal financial service providers advised on the use of secured transaction registry 2016年まで：5つの正式な金融サービス提供者による安全な取引登録に関する助言 5 formal financial service providers	Evaluation of training: ADB review mission and TA report 研修の評価：ADBによるレビュー・ミッション及び技術協力報告 ADB review mission and TA report ADBによるレビ	Assumption 前提 Financial service providers interested in expanding MSME loan portfolio 中小零細企業向けの貸付拡大を検討している金融サービス提供者

Design Summary	Performance Targets and Indicators with Baselines	Data Sources and Reporting Mechanisms	Assumptions and Risks
	utilizing secured transaction registry 5つの正式な金融サービス提供者による安全な取引登録の利用 1 new product introduced by each formal financial service provider	ュー・ミッション及び技術協力報告	Risk リスク Changes to product design and delivery are not implemented 金融商品やその提供の変更が実行されないこと
	By 2016: Evaluation and recommendations approved by Ministry of Finance 2016年まで：財務省による評価と推薦	Evaluation of training: ADB review mission and TA report 研修の評価：ADBによるレビュー・ミッション及び技術協力報告 ADB review mission and TA report ADBによるレビュー・ミッション及び技術協力報告	Assumption 前提 Sufficient level of documentation to inform evaluation 評価を通知するための十分な証拠書類 Risk リスク Proposed changes not implemented 提案された変更点の不実行

Design Summary	Performance Targets and Indicators with Baselines	Data Sources and Reporting Mechanisms	Assumptions and Risks
	By 2016: Framework for establishment, implementation, and management of pilot matching grant for technology upgrade approved by the Department of Small and Medium Enterprise Promotion 2016年まで：中小企業促進担当部署によって承認された技術改善の試験的な助成の設立、実行、及び管理	Evaluation of training: ADB review mission and TA report 研修の評価：ADBによるレビュー・ミッション及び技術協力報告 ADB review mission and TA report ADBによるレビュー・ミッション及び技術協力報告	Assumption 前提 Executing agency continues interest in launching fund 基金設立に関する担当機関の継続的関心 Risk リスク Difficulty finding funding for grants 助成のための基金を見つけることが困難

　次に、その他の分野における国際機関の活動について、2014年のIMF4条協議のスタッフレポートの付属文書では、世銀・IMF、ADBの活動について、それぞれ以下のとおり言及している。

　世界銀行とIMFのラオス担当チームが2014年10月に会合を持った。ラオスでは、マクロ経済の安定に関して進展が見られるものの、依然として著しい脆弱性が残っているとの結論で一致した。ラオスのマクロ経済（の安定と成長）にとって必要不可欠な構造改革の分野に関して、世界銀行、IMFと

もにそれぞれ分析を行ってきているほか、対外債務の持続可能性については、世界銀行とIMFが合同の分析（External Debt Sustainability Analysis）を実施している。

ADBは、ラオスに対して、国別支援戦略 （Country Partnership Strategy）2012-2016を策定済みで、分野横断的な課題として、教育、エネルギー、水道等都市インフラやサービス、また、より効率的な民間セクターの発展、男女共同参画、公共セクター管理や地域連携などを通じて、包括的かつ持続可能な成長と貧困削減を促進することを目指している。

第8節

ミャンマー経済の課題と国際機関の技術支援

2011年の民政移管後、2012年にミャンマー支援を再開した我が国は、最大の延滞債権を有していたが、自らの延滞債権を解消・免除したのみならず、ミャンマーの対外債務の履行遅滞解消や削減に際して中心的な役割を果たした。これにより、世銀グループやADBはミャンマーに対して融資を再開できるようになった。

ミャンマーでは、10%近いインフレが続いており、マクロ経済の安定を図ることが課題となっている。インフレ要因としては、経済成長に伴う内需の高まり、貿易赤字の拡大を背景とする軟調な為替相場、最低賃金の引き上げなどが挙げられる。なお、制度的な要因として、中央銀行による財政赤字のファイナンスが挙げられる。従来、中央銀行は財務省の下部組織と位置づけられ、政府短期証券の引き受けがその主な役割であった。IMFの技術支援の下、2013年7月には中央銀行法を制定し、財務省からの独立を果たした。また、2015年1月には、短期国債を初めて市中発行した。さらに、2016年1月には、我が国のODA（政府開発援助）により、中央銀行決済システムが稼動を開始した。しかし、稼動後も、インターバンク取引はほとんど行われていない状態が続いている。

また、2013年以降、金融セクターにおける規制緩和の動きが活発化し、2015年8月までに邦銀3行がヤンゴンに支店を開設した。これにより、外国企業の資金調達が円滑化されるほか、競争や経営ノウハウの拡散を通じて国内銀行セクターの発展も期待される。

　ADBの国別支援戦略（CPS）では、①人的・制度的キャパシティの構築、②マクロ経済の安定、貿易・投資の促進、経済の多様化、雇用、金融仲介の改善、農業生産性向上のためのアクセス及び連結性の構築、③農村の生活やインフラのためのアクセス及び連結性の構築を重点3分野に挙げている。

　案件例として、「包括性のある成長に向けた改革支援プログラムローン」の金融部分では、重点支援項目として、管理変動相場制、外国為替のリテール市場、為替の参照レート、外国為替に係る規制、中央銀行組織を挙げている。

　次に、世銀・IMFの活動の概要については、2015年のIMF4条協議のスタッフレポートの付属文書が、以下のようにまとめている。

　世界銀行とIMFのミャンマー担当チームはミャンマーのマクロ経済及び構造的課題について良好な協力を継続している。ミャンマーのIDA（国際開発協会）への債務整理が2013年1月に行われた後、世界銀行はミャンマーへの通常の融資関係を回復し、IFC（国際金融公社）による投資と助言業務も開始された。また、2013年のStaff Monitored Programが完了した後も、IMFはミャンマーに対する集中的な政策助言及び技術支援を継続している。世界銀行とIMFは、ミャンマー当局に対するマクロ経済政策の助言、金融セクターへの技術支援、公的財政管理や構造改革に関して共同して取り組んでいる。このパートナーシップに基づきミャンマーのマクロ経済・構造改革の優先分野は、長期的な成長と経済の多様化の促進、安定したマクロ経済、為替政策の発展、金融政策の強化、金融セクターの自由化、財政規律と持続可能性、社会インフラ支出に対する財政政策の優先付け、そして、統計能力の強化であるという共通の認識を、世界銀行とIMFは有している。

第9節
ベトナム経済の課題と国際機関の技術支援

　ベトナムでは、従来から、国有企業（State-Owned Enterprises: SOEs）の改革が最大の課題となっている。非効率な国有企業が国家資本を浪費しており、莫大な金額を要する国有企業の不良債権処理が課題として、現地の研究者から挙げられている。これは、国有企業が政府の支援をあてにして、政府の開発政策に安易に協力し、採算を十分吟味せずに過大な投資を行ったり、過大な人員を抱える問題であり、ソフトな予算制約といわれる移行経済に特徴的な病弊である。

　大手銀行自体、国有商業銀行であり、国有企業への貸し出しが不良債権化している。それは、ベトナムの改革開放政策であるドイモイ政策が開始される以前、社会主義経済体制の下で、中央銀行と国有商業銀行がまだ分離されておらず、いわゆるモノバンク制の下で、銀行システムが経済成長に奉仕する存在であった名残である。そこでは、融資の審査という銀行本来の業務は行われず、中央の計画によって決定された資金配分に基づいて、ただ資金を右から左へ移動させるだけの出納係りの役回りに過ぎなかった。

　この問題は、筆者がIMFのアジア太平洋局に勤務していた際、ラオスのIMF4条協議で、ラオスを2005年から2006年にかけて複数回、訪問した際に感じたことでもある。ラオスでも国有商業銀行が深刻な不良債権問題を抱えており、銀行システムの再建が大きな課題であった。その際、ADBが国際機関の中では、金融改革支援プログラムを主導していた。筆者もガバナンス改善を提言するレポートを書いたが、この問題は、政治システムに根ざしているので、なかなか解決が難しい。当時、ラオスは、ベトナムの改革を参考にしていた。一方、ベトナムは国有商業銀行の株式の一部を市場で売り出すといった、中国の改革を参考にしていた。

　IMF4条協議のスタッフレポートに基づき、IMF理事会は、2016年6月17日、ベトナム経済につき討議した。そのプレスリリースによれば、理事会は、ベトナムの良好なマクロ経済のパフォーマンスを評価しつつも、政府債

務残高の増大、急速な信用の増加、及び銀行改革の遅れのリスクに注意を喚起した。

　ADBの国別支援戦略（CPS）では、金融分野に関し、法制度の枠組み及び市場インフラの強化、債券市場の深化、対中小企業金融支援、貿易金融支援、金融機関等への投資、TA等によるキャパシティ・ビルディングを掲げている。案件例としては以下のとおり。

(1)　金融政策及び為替レート管理に係るトレーニングTA（＄22.5万、2009年10月承認）
　・金融政策及び為替レート管理に係るワークショップ
　・早期警戒システムに関するワークショップ
　・インドネシア、フィリピン、マレイシア、タイ中央銀行への視察
　・マレイシア、インドネシア中銀へのスタッフ出向
(2)　第3次金融セクタープログラムローン（サブプログラム1）（＄75 million、2007年11月承認）
　・開示要件、国際会計基準の更なる取り組み、会計基準に関する自主規制機関の役割
　・証券保管のあり方、国債オークションのあり方、ベンチマークのあり方
　・インターバンク金融、レポ市場、独立した格付け機関
　・投資家保護に関するIOSCO（証券監督者国際機構：International Organization of Securities Commissions）基準の採用
　・違反事例に関する罰則、マネロン対策の認知度の向上
　・預金保険機構の役割、保険業における投資家保護の強化
　・諸規制機関の協調

第10節 結語

　以上、CLMV諸国において、各種の国際金融機関によって、繰り広げられている、マクロ経済政策と金融セクターに関する技術支援を中心に解説してきた。CLMV諸国は、緩やかに、しかし着実に経済統合を進めている

ASEAN10カ国の中で、相対的に後発の発展途上国であり、一人当たり国民所得が最も低いグループである。また、いずれも移行経済諸国として、計画経済から市場経済への移行過程にある国々である。

　4カ国は、メコン川で結ばれ、インドシナ半島で相互に国境を接するという共通点を持つ一方、その地理的条件や歴史的な経済発展の過程は、様々である。ベトナムは長い海岸線を持ち、広域経済連携協定（Mega-regional Trade Agreements）であるTPP（Trans-Pacific Partnership、環太平洋連携協定）に参加しすでに署名済みである。TPPが発効すれば、ベトナムはアジアで生産基地としての地位を高め、その生産性や貿易を一層伸ばすと期待される。一方、ベトナムを含むTPPが発効すると、それに取り残されるカンボジアが、貿易面でマイナスの影響を受けることが懸念される。カンボジアでは、近年、アパレル産業が成長し、繊維製品の輸出が伸びているが、ベトナムを加えたTPPが発効すると、アメリカや日本への輸出の面で不利になるからである。

　CLMV諸国はいずれも、親日的な国々である。我が国の豊かなライフスタイルと高度な産業社会に憧れに近い感情を抱いている。我が国は、積極的なODA（政府開発援助）を通じて、国づくりに協力してきたし、ベトナムでは、JICAが開発戦略の策定というソフトの面でも、包括的な協力をしてきた。ベトナムは歴史的経緯により、同じインドシナ半島に位置するタイに産業集積の点で遅れを取ってきた。近年、タイの政情が不安定になり経済成長が鈍化する中、ベトナムはタイに追いつき追い越すべく、長期戦略を練っている。ベトナムとタイに挟まれたカンボジアは、凄惨な内戦を経験したが、我が国も参加した国連（国際連合：United Nations）によるPKO（Peacekeeping Operations：平和維持活動）など平和構築の国際的な支援により平和を回復し、その後、「ポスト・コンフリクト国」（post-conflict country）として大量の援助の流入に支えられながら、V字型の経済復興と、急速な経済成長を遂げている。そして、今、長らく軍事政権の下で孤立していたミャンマーが民主化の進展により、国際貿易システムに復帰し、新たにサプライチェーンを拡大しようとする日本企業の関心を集めている。

　ラオス、カンボジアにしろ、ミャンマーにしろ、中国からの援助と投資の

影響はきわめて大きい。CLMV 諸国においては、現在、我が国と中国の間で援助合戦が起こっているような様相を呈している。この地域は、近年、急速な経済成長による全般的な貧困削減がみられている、いわば開発の最前線であり、国際的な援助コミュニティーの関心は非常に高い。

ADB は GMS Progarm（大メコン経済圏プログラム）を通じて、この地域の開発を先導してきた。ADBI（アジア開発銀行研究所）もインフラ・ファイナンスによる国境を越えた交通インフラ網の建設による連結性（Connectivity）の向上、中小企業金融改善による沿線の産業振興を二本柱とした開発戦略を応用できる地域として、同地域を重視している。そのための実証研究とデータの蓄積、国際会議の開催によるアイディアの共有と国境を越えたコンセンサス作りを進めている。

一方、IMF はマクロ経済の安定を図る国際機関として、また、世銀グループはグローバルな開発金融機関として、それぞれ、大まかに分けると、短期と長期の開発課題に対応する支援を行っている。さらに、ASENAN＋3（日中韓）の地域金融協力を推進する機関として、2016年2月に国際機関化された ASENA＋3マクロ経済リサーチオフィス（AMRO）は、アジアの視点で各国政府と緊密に協力しながら、経済統合を後押ししようとしている。ADBI も AMRO と密接に協力しながら、地域金融協力を積極的に推進していきたいと考えている。

紙幅の関係で、国際機関の技術支援について、包括的に記述することはできなかった。それに替えて、カンボジアにおいては、通貨の信認、ラオスにおいては、中小零細企業金融、ミャンマーについては、中央銀行による財政ファイナンスと短期国債の市中発行、ベトナムにおいては、国有企業改革の問題を取り上げた。それぞれの国で代表例を取り上げたものだが、これは、そのまま、それ以外の国においても共通の課題となっている。

ラオスの中小零細企業の技術支援のマトリックス（一覧表）をご覧になるとわかるように、発展途上国の国情に合わせて支援を設計し、実施していくことは容易なことではない。しかし、本章を通して、様々な国際機関がどのような技術支援を行っているか、大体のイメージがつかめたのではないだろうか。さらに関心のある読者は、以下の ADB/ADBI や IMF、世銀グルー

プのホームページで、関連するカントリーページ等を検索していただきたい。

 ADB のホームページ：https://www.adb.org/
 ADBI のホームページ：https://www.adb.org/adbi/main
 IMF のホームページ：http://www.imf.org/external/index.htm
 世銀グループのホームページ：http://www.worldbank.org/

＜参考文献＞
・中尾武彦（2016）「アジア経済の展望とアジア開発銀行の役割」『公研』2016年12月号

第3章

アジアのインフラ金融と資本市場

第1節 はじめに

　アジアの経済成長において、インフラの整備はきわめて重要な役割を果たしている。一方で、インフラ整備に必要な資金量は膨大であり、各国の国内銀行部門による融資もしくは公的金融だけでファイナンスするには限界があると考えられる。

　こうした状況から、アジア諸国の間では国際開発金融機関（Multilateral Development Banks）に対する期待が高まっている他、PPP（Public-Private Partnerships）の枠組みづくりが進められている。また近年、さらに注目されるのは、債券市場の整備、官民ファンド、上場インフラファンドなど、資本市場あるいは金融投資家の資金を活用した独自のインフラ金融の仕組みづくりがASEAN諸国の中で見られることである。本章では、ASEAN諸国のインフラ金融を巡る動向を概観し、今後の課題を検討したい。

第2節 アジア諸国の「インフラ投資ギャップ」

　世界経済フォーラムにより発表されるグローバル競争力レポート（2016－17）によるインフラ全体の質ランキング（世界138カ国）では、シンガポールが2位、マレーシアが24位と上位に入っているものの、それ以外のASEAN諸国は中位または下位に位置している（図表3－1）。特に、フィリピンとベトナムでは、道路・鉄道・港湾・電力という産業関連のサブセクターがすべて低い評価となっており、高い成長性にも関わらず、インフラ整備が追いついていないことがわかる。

　経済成長のモメンタムが高まっているASEAN諸国では、今後もインフラ整備の需要が大きい。世界銀行のエコノミストであるFernanda Ruiz

NunezとZichao Weiの試算（2015年）によると、中国を除く東アジア・太平洋地域のインフラ需要は、2014年から2020年の6年間で870億米ドルと推定されているが、これに対応する予想投資額は350億ドルに過ぎず、ギャップが生じている（図表3－2）[1]。

　このギャップの最大の要因はアジア各国の財政制約と見てよいであろう。アジア各国における政府予算による資本支出をGDP比で見ると、相対的に高いマレーシアでも5％程度であり、フィリピン、インドネシア、タイではいずれも2～3％に止まっている[2]。1970年代の日本では、公的固定資本形成がGDP比で9％を超える水準にあったことを考えると、経済成長を支えるには一層のインフラ投資が必要と考えられる。

　他方、こうした公共投資の前提となる各国の財政基盤は脆弱であると言わざるを得ない。特にインドでは、毎年GDP比マイナス7-8％の財政赤字が継続している他、マレーシアやインドネシアでもGDP比マイナス2％程度の財政赤字となっているなど、多くの国では政府予算による公共投資資金は十分とは言えない状況にある（図表3－3）。

　こうしたギャップをどのように埋め、インフラ投資資金を確保していくかが、アジアの持続的な成長を実現する上で重要な課題となろう。

---

[1] 経済産業省「通商白書」（2016年版）第3章を参照。参考までに、過去にしばしば引用されてきたアジア開発銀行研究所の試算（2010年）によると、ASEAN域内（シンガポール、ブルネイ除く）のインフラ投資必要額は、2010年から2020年の11年間で1.1兆米ドル（年995億米ドル）と推定されている。国別の内訳は、インドネシアが4,503億米ドル、マレーシアが1,881億米ドル、タイが1,729億米ドル、フィリピンが1,271億米ドル、ベトナムが1,098億米ドル、その他ASEAN諸国が464億米ドルである。Asian Development Bank Institute, "Estimating Demand for Infrastructure in Energy, Transport, Telecommunications, Water and Sanitation in Asia and the Pacific: 2010-2020," September 2010.

[2] 経済産業省「アジア・インフラファイナンス検討会中間報告書」（2016年3月）参照。

図表3－1　ASEAN諸国（＋日中印）のインフラの質ランキング

インフラ全体ランキング	国名	インフラ全体の品質	道路	鉄道	港湾	電力供給	携帯電話
		7点スケール評価					人口100人あたり契約数
2	シンガポール	6.4	6.3	5.7	6.7	6.8	146.1
5	日本	6.2	6.1	6.7	5.3	6.5	125.1
24	マレーシア	5.5	5.5	5.1	5.4	5.8	143.9
42	中国	4.5	4.8	5.1	4.6	5.3	93.2
49	タイ	4.0	4.2	2.5	4.2	5.1	125.8
60	インドネシア	3.8	3.9	3.8	3.9	4.2	132.3
68	インド	4.5	4.4	4.5	4.5	4.3	78.8
78	ブルネイ	4.1	4.7	NA	3.7	5.3	108.1
79	ベトナム	3.6	3.5	3.1	3.8	4.4	130.6
81	ラオス	3.7	3.4	NA	2.0	4.7	53.1
95	フィリピン	3.0	3.1	2.0	2.9	4.0	118.1
106	カンボジア	3.4	3.4	1.6	3.9	3.3	133.0

（注）ミャンマーは調査対象外。「インフラの質」スコアは1（著しく未開発）〜7（良好に開発された）の値を取る。
（出所）World Economic Forum（WFE）"Global Competitiveness Report 2016-2017"より野村資本市場研究所作成

図表3－2　新興国・途上国におけるインフラ需要・投資の予測（2014年－2020年）

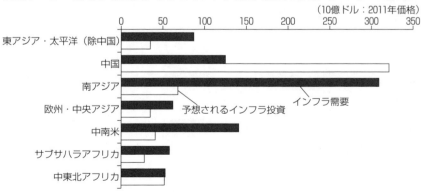

（出所）経済産業省「通商白書」（2016年版）より抜粋（Fernanda Ruiz Nunez and Zichao Wei "Infrastructure Investment Demands in Emerging Markets and Developing Economies"より経済産業省が再編加工）

図表 3 - 3　アジア各国の財政収支（政府予算）状況（対 GDP 比）

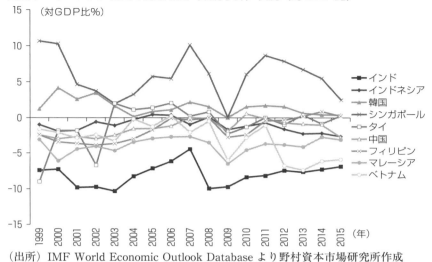

(出所) IMF World Economic Outlook Database より野村資本市場研究所作成

第 3 節

インフラ整備資金の調達とアジアの金融機関

I　インフラ整備資金の調達源と国際開発金融機関

　一般に、インフラ整備資金の調達源として、政府の財政資金、先進国からの政府開発援助、アジア開発銀行や世界銀行グループ等の国際開発金融機関の支援、国内外の公的・民間金融機関からの融資等がある（図表 3 - 4）。

　現在は、各国とも公的部門の資金への依存度が高い。例えば、インドネシア政府は2015年から2019年までに5,519兆ルピア（約48兆円）のインフラ投資を行う計画だが、資金源の内訳は、50％が政府予算、19％が政府系企業、31％が民間部門である。また、タイ政府は2015年から2022年にかけて、GDP の20％に相当する2.4兆バーツ（約 8 兆円）のインフラ投資を行う計画

図表3－4　インフラ金融の選択肢

	国内資金	海外資金
負債 （Debt）	国内商業銀行	国際的な商業銀行
	国内長期融資機関	輸出信用機関
	国内債券市場	国際債券市場
	インフラ債券ファンド	国際開発金融機関
株式 （Equity）	国内投資家（個人、機関）	海外投資家（個人・機関）
	公益事業者	設備供給者
	ソブリン・ウェルス・ファンド	
	インフラ・ファンド（非上場）	
	インフラ・ファンド（上場）	

（出所）ADB and ADBI "Connecting South Asia and Southeast Asia"（2015年）を基に野村資本市場研究所作成

だが、その資金源の内訳は、20％が政府予算、45％が政府系企業からの借入、20％がPPP、10％が政府系企業の収入、5％がインフラファンドである。

　また、アジアのインフラ金融において現在注目されているのが、国際開発金融機関の動向である。特に、中国が主導する形で2015年12月に誕生したアジアインフラ投資銀行（Asian Infrastructure Investment Bank：AIIB、本部：北京）は、57カ国が創設メンバーとして参加し、設立協定では融資対象として「インフラ及びその他生産分野」を掲げ活動を開始した[3]。2016年末までに計9件、約17.3億ドルの融資を承認している（図表3－5）。またAIIBは、世界銀行、アジア開発銀行（ADB）、欧州復興開発銀行（EBRD）との協調融資にもすでに取り組んでいる。職員の確保に苦労しているとの指摘があるAIIBにとって、人材と実績を有するADBとの協調融資はメリットが多いと見られるが、いずれにせよ、今後しばらくはアジアの国際開発金融においてADBとAIIBの並立状態が続くことになろう。なお、中国は、

---

[3] 関根栄一「アジアインフラ投資銀行（AIIB）の発足と今後想定される融資活動」『野村資本市場クォータリー』2016年冬号、同「運営段階に入ったアジアインフラ投資銀行（AIIB）の現状と課題」『野村資本市場クォータリー』2016年秋号などを参照。

図表3－5　アジアインフラ投資銀行（AIIB）の融資案件

	融資形態	借入国	対象事業	英文名	融資金額（百万ドル）	協調融資先	協調融資金額（百万ドル）
第1陣 (2016年6月24日発表)	単独融資	バングラデシュ	配電網の拡張・地中化	Power Distribution System Upgrade and Expansion Project	165.0	－	－
	協調融資	インドネシア	貧困地区の再開発	National Slum Upgrading Project	216.5	世界銀行	216.5
	協調融資	パキスタン	高速道路建設 (64km)	National Motorway M-4 (Shorkot-Khanewal Section) Project	100.0	アジア開発銀行（ADB）	100.0
						英国国際開発省（DFID）	34.0（無償援助）
	協調融資	タジキスタン	首都ドゥシャンベとウズベキスタンとの国境を結ぶ高速道路	Dushanbe-Uzbekistan Border Road Improvement Project	27.5	欧州復興開発銀行（EBRD）	27.5
	合計				509.0		378.0
第2陣 (2016年9月29日発表)	協調融資	パキスタン	水力発電所拡張	Tarbela 5 Hydropower Extension Project	300.0	世界銀行	390.0
	協調融資	ミャンマー	ガス焚きコンバインドサイクル発電所	Myingyan 225 MW Combined Cycle Gas Turbine (CCGT) Power Plant Project	20.0	国際金融公社（IFC）	45.0
						アジア開発銀行（ADB）	42.2
						商業銀行	－
	合計				320.0		477.2
第3陣 (2016年12月9日発表)	協調融資	オマーン	ドゥクム港インフラ整備	Duqm Port Commercial Terminal and Operational Zone Development Project	265.0	Special Economic Zone Authority of Duqm (SEZAD)	88.33
	協調融資	オマーン	鉄道システム	Railway System Preparation Project	36.0	Oman Global Logistics Group S.A.O.C. (OGLG)	24.0
	合計				301.0		112.33

						世界銀行	800.0
第4陣 (2016年12月22日発表)	協調融資	アゼルバイジャン	天然ガス・パイプライン	Trans Anatolian Natural Gas Pipeline Project (TANAP)	600.0	欧州復興開発銀行(EBRD) 欧州投資銀行(EIB)	1,800.0
						商業銀行	2,000.0
	合計				600.0		4,600.0

（出所）AIIB資料より野村資本市場研究所作成

やはり2015年にいわゆるBRICS諸国と「新開発銀行」を設立（本部：上海）しているほか、周辺国・地域のインフラ開発及び相互接続を目指す「一帯一路」構想を進めるためにシルクロード基金や国家開発銀行などの独自の政府系金融機関を有しており、アジアのインフラ整備資金の供給者としてのプレゼンスを高めていく可能性は高い。

Ⅱ 世銀データベースから見た民間資金の動向

次に、民間資金によるインフラ金融の動向を概観する。一般的に、PPPなどの民活インフラプロジェクトでは、個別プロジェクトごとに特別目的事業体（SPV）が設立される。SPVは通常の事業会社と同様に、自己資本と負債により資金調達を行う。自己資本と負債の割合は、プロジェクト毎に異なるが、自己資本（エクイティ）が20～30％、負債（デット）が70～80％程度であることが多い。ASEANの場合、グリーンフィールドと呼ばれる開発・建設段階のインフラプロジェクトが多いため、特に自己資本の出し手と量の確保が主要な課題になっていると推察される。

ASEAN域内では1990年前後から、資金や技術面で民間活力を取り入れたインフラプロジェクトが比較的活発に実施されてきた。この背景には、前述したように政府資金だけではインフラ需要に対応できなかったことに加えて、民間部門が有する技術やノウハウによってプロジェクトの運営・経営を効率化できると考えられたことがある。後者の事情については、国際開発金融機関が資金を提供するにあたって各国政府に対して民間部門を活用するよう要求していたことも影響したと考えられる。

世界銀行の Private Participation Infrastructure（PPI）プロジェクトデータベースによると、民間部門がスポンサー（出資者）として参加したASEAN 域内におけるインフラプロジェクトへの投資は、金額、件数ともに2012年まで概ね増加傾向であったが、2013年以降は減少傾向が続いている（図表3－6）。その一方で、同じデータベースから、タイ、インドネシア、フィリピンの投資額だけを抽出して分析すると、インドネシアは2012年をピークに減少傾向であるのに対し、タイとフィリピンでは直近はむしろ民間参加型のプロジェクトが増加しており、ASEAN の中でも、国別にトレンドの相違が見られている（図表3－7～9）。ASEAN の中で2000年代後半にインフラ整備が活発だったシンガポールの投資額が落ちてきたことや、タイやフィリピンでは大型プロジェクトの承認に毎年の投資額が左右されがちであることなどが背景として挙げられよう。

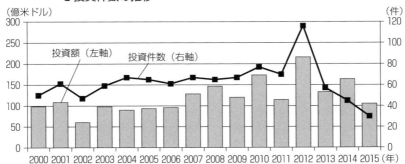

図表3－6　民間部門が参加した ASEAN インフラプロジェクト：投資額及び投資件数の推移

（注）　1．投資額は、プロジェクト実施主体が自己資本と負債により調達した金額を示す。民間部門による投資額に加え、公的部門による投資額も一部含まれる。
　　　　2．シンガポールとブルネイを除く ASEAN 8 カ国が対象。2016年8月時点のデータに基づく。
（出所）世界銀行 PPI プロジェクトデータベースより野村資本市場研究所作成

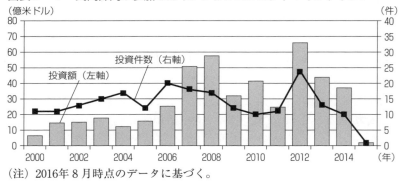

図表3-7　民間部門が参加したインフラプロジェクト：インドネシア

（注）2016年8月時点のデータに基づく。
（出所）世界銀行PPIプロジェクトデータベースより野村資本市場研究所作成

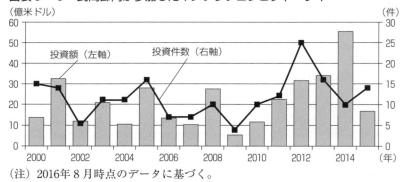

図表3-8　民間部門が参加したインフラプロジェクト：タイ

（注）2016年8月時点のデータに基づく。
（出所）世界銀行PPIプロジェクトデータベースより野村資本市場研究所作成

Ⅲ　プロジェクト・ファイナンス業界のデータベースから見た民間資金の動向

　世銀データベースも、民間資金によるインフラ金融を網羅的に把握しているわけではなく、インフラ金融の全体像を示す統計やデータは存在していない。ひとつの参考資料として、トムソン・ロイターグループがとりまとめているASEAN域内におけるプロジェクト・ファイナンスの供与状況を見ると、融資金額では2008年、融資件数では2013年にピークを付け、直近の2015年は金額、件数ともにピークの40〜50％程度であった（図表3-10）。

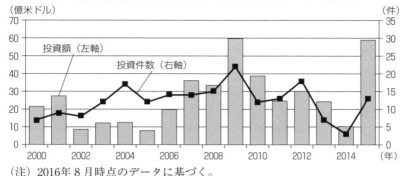

図表3−9　民間部門が参加したインフラプロジェクト：フィリピン

（注）2016年8月時点のデータに基づく。
（出所）世界銀行PPIプロジェクトデータベースより野村資本市場研究所作成

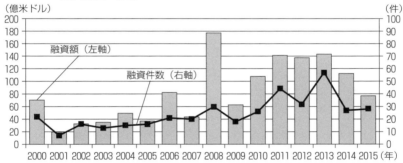

図表3−10　ASEANにおけるプロジェクト・ファイナンスによる融資額及び融資件数の推移

（注）カンボジアを除くASEAN 9カ国が対象。2016年8月時点のデータに基づく。
（出所）トムソン・ワンより野村資本市場研究所作成

　また、これもトムソン・ロイター傘下のProject Finance International誌がとりまとめている、プロジェクト・ファイナンスにおけるシンジケート・ローンのデータベースからアジア・太平洋地域におけるインフラプロジェクトへの融資状況を見ると、まず電力・交通運輸を中心に直近は順調に融資額が増加している様子がわかる（図表3−11）。一方で、石油・ガス関連については、原油価格の下落を反映して、直近の融資額は落ち込んでいる。ま

図表3-11　プロジェクト・ファイナンス（アジア太平洋）：セクター別融資額

セクター	融資額（百万米ドル）		
	2013	2014	2015
電力	19,997.7	18,950.5	24,455.1
交通運輸	11,924.2	22,523.6	23,933.1
石油ガス	3,895.7	13,876.0	10,008.1
鉱業	1,158.5	8,452.5	5,015.9
PPP	4,272.6	2,951.7	4,821.3
石油化学	10,169.0	1,524.2	4,656.9
産業	5,605.8	1,736.8	1,829.2
水道	5,735.9	313.4	1,489.6
ゴミ処理・リサイクル	45.5	19.4	53.9
通信	840.7	1,370.0	－
農業漁業	－	88.7	－
合計	63,645.6	72,279.3	76,262.9

（注）アジア太平洋地域には豪州、インド、台湾、韓国などを含む。2016年8月時点のデータに基づく。
（出所）Project Finance International より野村資本市場研究所作成

た、シンジケート・ローンのアレンジャー金融機関のランキングを見ると、日本のメガバンク3グループがいずれもトップ10に入っていることや、インド・台湾・韓国の政府系金融機関が上位に入っていることが目立つ一方、欧米を基盤とする金融機関の存在感はやや低下してきている（図表3-12）。

　アジアのインフラプロジェクトに対して、融資は全般に好調に提供されている一方で、欧米からの資金供給はやや下火になっており、代わってアジア域内の銀行、あるいは日本や豪州の大手金融機関のインフラ金融への参加が積極化していることが、民間資金側の大きな特徴といえよう。

図表3−12 プロジェクト・ファイナンス（アジア太平洋）：ローンアレンジャーランキング

	2014					2015			
	リードアレンジャー	百万米ドル	%	案件数		リードアレンジャー	百万米ドル	%	案件数
1	SBI Capital	5,646.8	7.9	25	1	Bank of Taiwan	12,052.9	15.8	1
2	Commonwealth Bank of Australia	5,021.6	7.0	35	2	State Bank of India	10,854.6	14.2	30
3	Mitsubishi UFJ	4,378.9	6.1	39	3	Mitsubishi UFJ	5,385.7	7.1	38
4	ANZ	4,177.9	5.8	34	4	Korea Development Bank	4,422.1	5.8	12
5	SMBC	4,083.2	5.7	42	5	SMBC	3,667.3	4.8	25
6	Westpac	4,009.6	5.6	23	6	Mizuho Financial	2,695.8	3.5	23
7	National Australia Bank	3,941.5	5.5	28	7	Commonwealth Bank of Australia	2,629.8	3.5	22
8	Korea Development Bank	3,544.9	4.9	16	8	Westpac	2,540.4	3.3	23
9	Mizuho Financial	3,364.9	4.7	35	9	ANZ	2,513.0	3.3	21
10	Scotiabank	1,788.5	2.5	9	10	National Australia Bank	1,995.0	2.6	26
11	HSBC	1,731.2	2.4	15	11	ICICI	1,377.3	1.8	3
12	OCBC	1,728.8	2.4	11	12	Axis Bank	1,369.1	1.8	6
13	ICICI Bank	1,588.5	2.2	6	13	Sumitomo Mitsui Trust	1,358.3	1.8	3
14	DBS	1,507.3	1.4	12	14	IDBI	1,309.4	1.7	4
15	UOB	1,370.8	1.9	8	15	Metropolitan Bank & Trust	1,141.1	1.5	3
16	Credit Agricole	1,158.1	1.6	7	16	DBS	986.6	1.3	11
17	IDFC	1,108.8	1.6	12	17	HSBC	947.8	1.2	7
18	BNP Paribas	966.6	1.4	8	18	IDFC	931.0	1.2	7
19	Axis Bank	911.4	1.3	5	19	RBC Capital Markets	929.5	1.2	6
20	ING	823.8	1.2	7	20	Natixis	902.4	1.2	5

（注）アジア太平洋地域には豪州、インド、台湾、韓国などを含む。2016年8月時点のデータに基づく。
（出所）Project Finance International より野村資本市場研究所作成

第4節

ASEAN諸国内で活発に制度整備が進められるPPP

　前述したように、アジアのインフラ投資では、民間からの資金とノウハウへの期待が大きいなかで、比較的早い段階からPPPが重要な役割を果たしてきた。近年では、ASEANの多くの国が、統合的な窓口の設置や規制緩和

を行っており、一種の市場間競争が起きている状況といえよう。下記では、インドネシア、フィリピン、タイ、ベトナムの4カ国に焦点を当ててPPP制度の概要及び近年の取組みについて整理している。

I　フィリピン[4]

　1990年にBOT（Build-Operate-Transfer）法が制定され、アジア諸国の中では最もPPPの長い歴史を持つ[5]。1994年にBOT法が改正され、PPPの法的枠組みが確立された。PPP事業の窓口は、国家経済開発庁傘下の組織として設置されたPPPセンターである。主な役割として、①PPPプロジェクトを準備・実施するための支援、②PPPプロジェクトに関する集中データベースの管理、③案件形成に必要な資金を提供するProject Development and Monitoring Facilityの運営等がある。PPPの制度的枠組みを強化するため、現行のBOT法を見直し、新たにPPP法を制定する案が数年前から議論されている。2016年6月30日には、ロドリゴ・ドゥテルテ新大統領が就任したが、PPP事業の一層の推進という方針は承継されるとの見方が強く、実際に新PPP法案が国会に提出され、審議されている。また、フィリピン証券取引所（PSE）は、PPPプロジェクト実施企業による資本市場での資金調達を可能とするため、PPPセンターと議論を進めている。現行の上場規則の下では、一定の利益を伴う3年間の事業実績が上場要件として定められているが、SPVの形態を採るPPP企業は事業実績を持たないため、要件を満たすことができない。そのためPSEは、一定の要件を満たすPPP企業に対する上場要件の緩和を2016年12月に発表した。

---

[4]　北野陽平「官民パートナーシップの推進や資本市場の活用によりインフラ整備の促進が期待されるフィリピン」『野村資本市場クォータリー』2016年秋号参照。

[5]　BOTとは、民間事業者がプロジェクトの建設（Built）、運営（Operate）、譲渡（Transfer）を行う手法のことであり、通常は、インフラや設備は一定の事業期間終了後、無償または名目的な価額で政府へ譲渡される。新たに開発・建設されるインフラプロジェクトに適した官民連携手法として1980年代から注目されているが、現在ではPPPの一類型とされることが多い。

Ⅱ　インドネシア[6]

　1998年大統領令によりPPP制度が導入され、2005年大統領令によりPPPの法的枠組みが強化された。PPP事業の主な窓口は、国家開発企画庁内に設置されたPPPセントラルユニットである。他にもインフラ整備を支援する政府系企業として、①インフラプロジェクトに対する長期金融や助言サービスを提供する政府100％出資のサラナ・マルチ・インフラストラクチャー、②その傘下のインドネシア・インフラストラクチャー・ファイナンス、③PPPプロジェクトのポリティカルリスクを保証するインドネシア・インフラ保証基金がある。2009年以降、PPP事業の状況等をまとめたPPPブックが国家開発企画庁によりほぼ毎年発行されてきた。2012年には、政府機関による土地収用の枠組みを定めた土地収用法が制定された。2015年に公布された大統領令により、土地収用法に基づく政府機関の権限を代理行使する形で、民間事業者が事業用地を取得することが可能となる等、様々な点でPPP制度の内容が改正された。

Ⅲ　タイ

　1992年にPPP法が制定された。PPP事業の窓口は、財務省公的債務管理局に設置されたPPPの担当チームである。PPPの対象となる案件は、原則として事業規模が10億バーツ以上のプロジェクトである。従来のPPP法は、インフラ事業を巡る政治的汚職を防止することに重点が置かれており、PPPの基本法としては不十分であったため、2013年にPPP法が改正された。新たなPPP法の下では、各種ガイドラインの制定やPPP推進計画の策定を担う政府内のPPPユニットとして、国営企業政策局が設立された。2015年、PPPプロジェクトの事業評価方法を詳述する実務方針が国営企業政策局により公表された。

6　北野陽平、ラクマンベディグンタ「民間資金の活用によりインフラ整備を促進するインドネシア」『野村資本市場クォータリー』2017年冬号参照。

IV ベトナム

　1993年に制定された政府令により BOT が規定された。PPP 事業の窓口は、計画投資省内に設置された PPP タスクフォースである。ベトナムでは PPP を規定する複数の法律が存在し、様々な課題や矛盾点を抱えていたため、2015年に既存の PPP 制度を統合するための政府令が制定された。新政府令の下では、プロジェクトの対象セクターの拡大や事業方式の追加を含む改正が行われた。PPP 事業の実行可能性については依然として懸念点が残されているものの、基本的には PPP 制度は改善が図られてきている。

　以上のように、各国とも PPP の制度的枠組みを強化する方向にある。しかし、それだけでは不十分であり、政府は保証供与を含め、リスクを適切に分担する意思を明確に示すなど、実効性の確保も求められよう。

第5節

銀行融資を補完する役割が期待されるプロジェクトボンド

　ASEAN 諸国では、国内銀行の与信集中リスクを回避することを目的として、一企業グループに対する融資額の上限を定めた貸出規制が導入されている。そのため、インドネシア等の一部の国では、財閥系企業を中心とするインフラプロジェクト実施企業に対する融資が制約されるケースがある。また、バーゼルⅢをはじめとする銀行に対する自己資本規制の強化を背景として、プロジェクト・ファイナンスのようにバランスシートへの負担が大きい長期融資が敬遠される可能性も指摘されている。

　そうした中、銀行融資を補完する資金調達手段として、債券市場を活用する重要性が認識されている。インフラ事業向け債券は、企業の信用力に依拠する通常の社債とプロジェクトからのキャッシュフローを返済原資とするプロジェクトボンドに大別される。インフラ関連企業による社債発行は頻繁に

図表3-13 ASEAN諸国におけるプロジェクトボンド発行額の推移

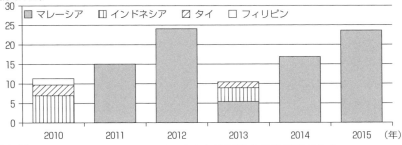

(出所) Project Finance International より野村資本市場研究所作成

見られる一方、プロジェクトボンドについてはマレーシアを除くと発行実績が限定的である（図表3-13）。マレーシアでプロジェクトボンドの発行が比較的活発である理由として、イスラム金融市場が発達している点が挙げられる。イスラム金融は、イスラム法に則った金融で、金利の授受が禁じられている一方、実際の事業や資産に基づく取引においてリスクやリターンをシェアするという概念があり、プロジェクトボンドとの親和性が高い。イスラム金融を強化しているインドネシアにおいても、今後、スクークによるインフラ整備資金の調達を拡大していく方針が示されている。

フィリピンでは、プロジェクトボンドの発行促進に向けて、PPPセンター、証券取引委員会（SEC）、PSE、ADBにより議論が進められている。最近の事例として、大手発電事業者であるアボイティス・パワーの子会社APリニューアブルが2016年3月、地熱エネルギー発電施設プロジェクトを資金使途として発行した107億ペソのプロジェクトボンドが挙げられる。当該債券は、ASEAN+3（日本、中国、韓国）域内における現地通貨建て債券発行の促進を目的として設立された信用保証・投資ファシリティ（CGIF）及びADBによる保証が供与されたものである[7]。

---

[7] CGIFは、ASEAN+3 財務大臣・中央銀行総裁会議の枠組みで進められているアジア債券市場育成イニシアティブの取組みの一環として、2011年10月に各国政府の拠出により設立された。詳細は、北野陽平「発展するアジア現地通貨建て債券市場と課題」『野村資本市場クォータリー』2014年秋号参照。

また、CGIFは2016年7月、プロジェクトボンドの発行促進に向けて、建設期間保証と呼ばれる新たな枠組みを発表した。プロジェクトボンドの多くはブラウンフィールド（運営段階）のプロジェクトが対象であるが、建設期間保証はグリーンフィールド（建設段階）のプロジェクトの完工リスクを保証するという点で画期的なスキームである。当該スキームが導入された背景として、長期投資を望む機関投資家にとって、グリーンフィールド・プロジェクトにおける完工リスクが最大の懸念となっていることが挙げられる。今後、CGIFが当該リスクを保証することにより、機関投資家の参加が後押しされ、ASEAN域内におけるプロジェクトボンドの発行促進につながるか注目される。

第6節

存在感が高まりつつあるインフラファンド

　インフラプロジェクトにエクイティ投資を行う主体として、インフラファンドがある。インフラファンドは、証券取引所に上場するファンドと非上場ファンドに大別され、ASEAN域内ではタイとシンガポールにおいて上場インフラ市場が存在している。

　タイでは、政府の財政負担の軽減及び民間部門によるインフラ投資の促進を目的として、2012年に上場インフラファンドが導入された。上場要件として、①最低20億バーツ規模のクローズドエンドファンドであること、②ファンドの登録または資金調達から6カ月以内に総資産の75％以上がインフラ資産に投資されること等が定められている。投資対象は、鉄道、高速道路、電力、上下水道、空港、港湾、通信、代替エネルギーを含む10セクターであり、グリーンフィールドのプロジェクトへの投資も認められている。投資家を呼び込むためのインセンティブとして、配当課税やインフラ資産をファンドに組み入れる際の課税が免除されている。2013年に第1号ファンドが上場し、2016年12月末時点で5ファンドが取引されており、合計時価総額は約

図表 3-14　タイ証券取引所：上場インフラファンドの概要

ファンド名	ティッカー	セクター	上場日	時価総額（百万バーツ）	主な資産
BTS Rail Mass Transit Growth Infrastructure Fund	BTSGIF	運輸・物流	2013/4/19	65,404	BTSスカイトレインの運営管理権（コンセッション）
Amata B. Grimm Power Plant Infrastructure Fund	ABPIF	エネルギー	2013/9/27	5,010	アマタ・グリム発電所1＆2の収益分配権
Digital Telecommunications Infrastructure Fund	DIF	情報通信	2013/12/27	81,312	通信基地局、光ファイバーなどのリース権
Jasmine Broadband Internet Infrastructure Fund	JASIF	情報通信	2015/2/16	64,350	ブロードバンド回線光ファイバーのリース権
North Bangkok Power Plant Block 1 Infrastcuture Fund	EGATIF	エネルギー	2015/7/13	21,689	タイ王国発電公社が投資する発電所の収益獲得権（20年）
			合計	237,766	

（注）時価総額は2016年末時点。
（出所）タイ証取資料、Bloombergより野村資本市場研究所作成

2,378億バーツである（図表 3-14）。

　またタイでは、タイランド・フューチャー・ファンド（Thailand Future Fund: TFF）と呼ばれるインフラファンドの創設が2015年12月に閣議決定され、現在、設立に向けた準備が進められている。TFFは、当初1,000億バーツ規模となることが想定されており、政府が100億バーツのシードマネーを拠出することが決定済みである。投資対象となる案件には、当初はすでに運営されている有料道路などが入るが、ゆくゆくはグリーンフィールド・プロジェクトへの投資を行っていく予定とされる。国内外の機関投資家及び個人投資家から資金調達を行うため、タイSECの監督下で証券取引所への上場が計画されている。投資家を呼び込むインセンティブとして、一定の投資リターンが保証される仕組みが導入される予定であるが、本稿執筆時点では

詳細が明らかにされていない。

非上場ファンドについては、2012年にフィリピンの公的年金基金である公務員保険機構（GSIS）によりPhilippine Investment Alliance for Infrastructure（PINAI）と呼ばれる官民インフラファンドが設立された。PINAIは満期10年、ペソ建てのクローズドエンド型ファンドであり、グリーンフィールド及びブラウンフィールドのインフラプロジェクトを投資対象とする。ファンドの規模は6.25億米ドル相当で、各機関の出資額はGSISが4億米ドル（出資割合64％）、オランダの年金基金運用会社であるAlgemene Pensioen Groepが1.5億米ドル（同24％）、マッコーリーグループが0.5億米ドル（同8％）、ADBが0.25億米ドル（同4％）である。投資対象とするプロジェクトのセクターは、電力、道路、鉄道、港湾、空港、上下水道、通信等である。GSISは4億米ドル全額の投資を完了したことを踏まえ、PINAI2と称される新たなインフラファンドの設立を検討している。

以上のように、ASEAN域内のプロジェクトを投資対象とするインフラファンドの数はまだ限られているものの、徐々に存在感を高めつつある。インフラにおいて、よりリスクが高いエクイティ投資を行う主体が増加すれば、負債による資金調達の促進につながる可能性があることから、今後こうした動きが広がっていくことが期待されよう。

■第7節■

結びにかえて

これまでASEAN諸国におけるインフラ整備資金の調達は、主に財政資金に、次に先進国からのODAや国際開発金融機関による支援に依存していた。国際開発金融機関については、今後はAIIBからの資金供与も期待されるが、こうした機関からインフラ向け資金を調達するためには、一定の規律と信用を保つ必要があり、外部環境の変化等により、中長期的に安定した資金調達を行うことができない可能性がある。また、各国政府レベルでも積極的なインフラ向け支出の計画が打ち出されているものの、十分な予算を確保し続けることができる保証がない中、民間資金の更なる活用が重要となろ

う。

　特に、タイやフィリピンなどのいくつかの国における、PPP を広く活用しながら、銀行融資を補完するプロジェクトボンドや上場・非上場のインフラファンドなど資本市場の枠組みを整備しようとする試みは注目される。ASEAN の大部分の国では国内投資家がまだ十分に発展しておらず、その一方でグローバル投資家が比較的リスクが高いアジアのグリーンフィールド・プロジェクトに優先的に投資するとは考えにくい。したがって、インフラ整備資金の調達を資本市場が支えることは現時点では容易ではないものの、国営企業の資産や安定したキャッシュフロー特性を持つブラウンフィールドのプロジェクトを活用することによって、内外の投資家からの資金を動員し、投資家層に厚みを持たせていくことは、日本などの経験に照らしても合理的な戦略と言えるのではないかと思われる。

第4章

取引所からみた開発途上国支援の現状と課題

第1節
JPXグループについて

I　JPXグループの誕生

　日本取引所グループ（JPX）は2013年1月に東京証券取引所グループ（東証）と大阪証券取引所（現大阪取引所（大証））との経営統合により誕生した持ち株会社である。

　東証の前身となる東京株式取引所と大証の前身となる大阪株式取引所は、ともに1878年（明治11年）の創立以降、それぞれ東西日本の経済発展の礎を担い、我が国の近代化に際して重要な役割を果たしてきた。第二次世界大戦後は、1949年（昭和24年）にそれぞれ再開され、日本の戦後復興及び高度経済成長期を経て、これまで我が国資本市場の中心として機能してきた。

　東証は、市場運営会社の東京証券取引所、自主規制機関の東京証券取引所自主規制法人、清算決済機関の日本証券クリアリング機構等からなるアジアを代表する現物株市場の運営グループとして広く知られ、一方の大証は、225先物やオプションを代表とするデリバティブ市場の運営主体としてグローバルにプレゼンスを発揮してきた。

　現在は、持株会社の日本取引所グループの傘下に、東証が現物株市場の運営主体として、大証がデリバティブ市場の運営主体として市場機能を提供

図表4－1　JPXグループ組織図

* 2014年3月
　大阪証券取引所から社名変更

図表 4 − 2 　JPX の提供するサービス

し、自主規制は日本取引所自主規制法人、清算決済は日本証券クリアリング機構がそれぞれ機能提供する形態へと形を変え、我が国を代表する市場運営グループを形成している。

Ⅱ　経営統合の背景・目的

　東証と大証の経営統合が実現した背景には、情報通信技術や金融取引システムの発展により、企業や投資家が世界のマーケットの中で最も投資環境の良い市場を選択して資金調達や投資活動を行うことが可能となったことで、国境を越えた取引所間競争が激化したことが大きく影響している。特に、金融取引システムの発展と共に HFT やアルゴリズム取引の登場など投資ニーズの高度化・複雑化が進み、取引所にとってはこうしたニーズに応えられる IT システムの構築やそのコスト削減等が大きな経営課題となった。このため、2010年にシンガポール取引所（SGX）とオーストラリア取引所（ASX）が、2011年に、NYSE ユーロネクスト（NYSE）とドイツ取引所（DB）、ロンドン証券取引所（LSE）とカナダの TMX グループ（TMX）が、それぞれ国境を越えた取引所同士の合従連衡の動きを活発化させ（最終的に実現せず）、その後も、2012年に香港取引所（HKEx）とロンドン金属取引所（LME）、米国デリバティブ取引所のインターコンチネンタル取引所（ICE）と NYSE ユーロネクスト、2016年にドイツ取引所とロンドン証券取引所が経営統合に合意するなど、規模のメリットを活かした経営へとシフトしてい

る。

　こうした世界の取引所による合従連衡の動きが活発化する中、日本においても、我が国資本市場の将来に対する危機感が共有され、長年のライバル関係を超えて東証、大証の経営統合が実現した訳である。

Ⅲ　アジアを代表する取引所としてのプレゼンス

　JPXグループは日本を代表する取引所として国内で確固たる地位を確保しており、グローバルにみても、現物株市場については売買代金と上場企業時価総額ともにインターコンチネンタル取引所（NYSE）、ナスダックに次いで世界第3位の規模を誇り、デリバティブ市場についても日経225先物や国債先物などの商品が広く認知されているなど、アジアを代表する取引所として相応のプレゼンスを維持している。しかしながら、近年、中国の経済発展とともに上海や深センをはじめとする証券・商品取引所の規模拡大が目覚ましく、それらの市場が国際的に注目を集める場面も多くみられることに加え、韓国取引所（KRX）やインド・ナショナル取引所（NSE）等のデリバティブ市場の規模が世界的に上位に位置することから、日本のプレゼンスが低下傾向にあることも否定できない状況である。このため、現在、JPXの経営計画では、現物市場の維持拡大を図りつつ、相対的に市場拡大余地が多く残されているデリバティブ分野についてもバランスよく成長させる方向で、各種施策が展開されている。

図表4－3　現物株市場の一日平均売買代金

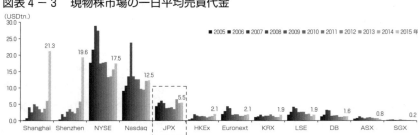

図表4−4　上場企業時価総額（年末）

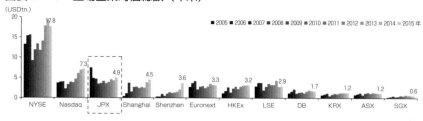

図表4−5　デリバティブ取引高（2015年）

順位	取引所（国）	取引高（単位）
1	シカゴ商品取引所グループ（CME）	3,531,760,591
2	インド・ナショナル取引所（NSE）	3,031,892,784
3	ユーレックス（Eurex）	2,272,445,891
4	インターコンチネンタル取引所（ICE）	1,998,810,416
5	モスクワ取引所（MCX）	1,659,441,584
6	サンパウロ取引所（BM&F Bovespa）	1,358,592,857
7	シカゴ・オプション取引所（CBOE）	1,173,934,104
8	大連商品取引所（DCE）	1,116,323,375
9	鄭州商品取引所（ZCE）	1,070,335,606
10	上海先物取引所（SHFE）	1,050,494,146
11	ナスダックOMXグループ（Nasdaq OMX）	1,045,646,992
12	韓国取引所（KRX）	794,935,326
13	ボンベイ証券取引所（BSE）	614,894,523
14	ヨハネスブルグ証券取引所	488,515,433
15	バッツ取引所（BATS）	397,881,184
16	大阪取引所（OSE）	361,489,935
17	香港取引所（HKEx）	359,364,547
18	中国金融先物取引所（CFFEX）	321,590,923
19	台湾先物取引所（TAIFEX）	264,495,660
20	マイアミ国際証券取引所（MIAX）	252,605,427

（出所）国際取引所連合（WFE）

Ⅳ　第二次中期経営計画

　JPXは第一次中期経営計画において「アジア地域で最も選ばれる取引所」となることを目標に掲げると同時に、その実現に向けて「現物」「デリバティブ」「周辺分野」の3つのビジネスポートフォリオをバランスよく保持することを中長期的な「将来像」としている。こうした「将来像」を目指し、2016年3月に公表した第二次中期経営計画（2016年度から2018年度）では、第一次中期経営計画の下で実現した市場機能の統合等を基礎に、今後の新たなビジネスを育成していく観点から、デリバティブ分野や周辺ビジネスを中心に中長期的な目線で経営資源を積極投入していく考えである。

図表4－6　第二次中期経営計画のコンセプト

図表4－7　第二次中期経営計画における事業ポートフォリオ多角化のイメージ

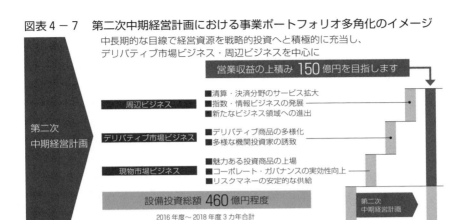

第2節
これまでのJPXと開発途上国との関係

I 「支援」を中心とする関わり

　これまでJPXは、主にアジアの開発途上国の取引所との長期的な関係構築を目的に、国際協力機構（JICA）などの国際協力機関による技術協力プロジェクトや個別の取引所との協力覚書（MOU）等の枠組みを通じて、人材育成や制度構築に関する助言などの技術支援を行ってきた。アジアを代表する現物株市場を持つJPXに対する開発途上国からの期待は強く、毎年、数多くの研修生を受け入れており、現地への専門家派遣についても積極的に行ってきた。また、最近では、政府の積極外交により開発途上国との対話機会が増えていることや、他の支援提供国の景気減速により相対的に日本に注目が集まり易くなっていることもあり、開発途上国からのコンタクトや支援要請も増加傾向にある。

図表 4 − 8　最近の海外研修生／視察団の受入国

中国、韓国、台湾、インド、インドネシア、マレーシア、タイ、フィリピン、ベトナム、ミャンマー、ラオス、カンボジア、スリランカ、バングラデシュ、ウズベキスタン、カザフスタン、モンゴル、イラン、ドバイ、ケニヤ、その他

Ⅱ　ミャンマーにおける取引所設立支援

　JPX の開発途上国に対する支援のうち、代表的な取組みがミャンマーにおける証券取引所設立プロジェクトである。ミャンマーでは、2000年代後半にかけて民主化の動きが活発化し、その過程で証券市場設立の機運が急速に高まった。そうした流れの中で2008年に資本市場整備に関するブループリントが策定され、同国において古くから資本市場整備に取り組んでいた大和総研を中心に、2012年にミャンマー経済銀行（中央銀行）、東証（当時）との三者間 MOU が締結され、取引所設立に向けた動きが加速することとなった。その後、我が国の財務省や金融庁などの関係機関を含めたオールジャパンの支援体制により、2015年12月にヤンゴン証券取引所の設立が実現している。

　ヤンゴン証券取引所設立に当たっては、関連 IT システムの整備を大和総研、証券取引所の制度・規則整備を JPX が担当し、証券取引法や証券監督機関の整備を財務省や金融庁が支援する体制で整備が進められた。証券取引は2016年3月に開始され、2016年12月現在3銘柄のミャンマー企業の上場が実現している。

　新規に資本市場を立ち上げるミャンマーなどのケースでは、資本市場に知見のある現地人材が極めて少なく、現地機関による自立的な運営が難しい場面が多くみられる。このため、ヤンゴン証券取引所の運営に当たっては、当面の間、JPX を含む日本の関係機関が人材を派遣し、現地への技術移転を含む市場運営等のサポートを継続しているところである。

図表 4 − 9　これまでのミャンマープロジェクトの歩み

1996年	ミャンマー証券取引センター（MSEC）設立
2008年	資本市場開発委員会設立
2010年11月	ミャンマー総選挙実施／アウンサンスーチー氏解放
2012年5月	ミャンマー経済銀行／大和総研／東証（当時）が、資本市場育成支援（取引所設立支援）に関するMOU締結
2012年8月	ミャンマー経済銀行／財務総合政策研究所が、証券取引法令策定及び人材育成支援に関するMOU締結
2013年8月	証券取引法施行
2014年1月	ミャンマー財務省／金融庁が、金融技術協力に関するMOU締結
2015年12月	ヤンゴン証券取引所開設
2016年3月	株式売買開始、ファースト・ミャンマー・インベストメント上場（上場第一号）
2016年5月	ミャンマー・ティラワSEZホールディングス上場
2016年8月	ミャンマー・シチズン・バンク上場

第3節 海外主要取引所の動き

I　アジアにおける海外主要取引所の動き

　我が国によるミャンマーでの資本市場整備が進められている一方、アジア域内では、2000年代から主に韓国主導で資本市場整備が進められてきた。具体的には、韓国取引所（KRX）が、システム子会社のKOSCOMや国際協力機関の韓国国際協力機構（KOICA）等と連携し、2011年にラオス、カンボジアの証券取引所整備を含むITシステム提供を実現し、2012年にはベトナムのホーチミン証券取引所（HoSE）との間で取引所ITシステムの大規模リプレースに関する契約を締結している。ベトナムに対する実際のシステム提供はまだ実現していないものの、2016年には再度システム提供契約が締

結されており、今後本格的な動きがでてくるものと見込まれている。また、中央アジアにおいても、既にウズベキスタン、トルクメニスタン、アゼルバイジャンの証券取引所に対するITシステムの提供を行っている。

グローバルには、米国ナスダックOMXグループが最も幅広く同分野のビジネスを展開している。同社は、北欧のOMX社を買収して以降、ITベンダーとしての性格を強め、現在、先進国から開発途上国まで、世界100以上の取引所や証券会社等に対して幅広くITシステムを提供している。アジア周辺地域では、大証のデリバティブ市場向け取引システムを代表例として、シンガポール取引所（SGX）、香港取引所（HKEx）、フィリピン証券取引所（PSE）、ニュージーランド証券取引所（NZX）、イスタンブール証券取引所（ISE）、アブダビ証券取引所（ADX）等に対する基幹システムの提供を行っており、南米や中東・アフリカ地域に対する提供も積極的に行っている。

ロンドン証券取引所も、開発途上国向けにITシステムを積極的に提供している取引所の一つである。2009年にスリランカのITベンダーであるミレニアムITを子会社化し、自社のIT開発部門の能力強化を図りつつ、同時に他の取引所向けのシステム提供も進めてきた。提供先としては、コロンボ証券取引所（CSE）、モンゴル証券取引所（MSE）、その他欧州・アフリカ地域に及んでいる。

Ⅱ 開発途上国との関係性の変化

海外の主要取引所についても、我が国同様、自国政府が進める国際協力の枠組みを通じて技術支援を進めてきているが、特に近年、取引所に対するITシステム提供等を含む、よりビジネス色の強い関係へと変化している。

海外の主要取引所は、グローバルな取引所間競争に対応するため、株式会社組織への変更や自市場への上場を通じて機動的な経営を可能としてきており、ビジネス面においても競争力の源泉であるITシステムの機能強化と同時に、最大のコストともなる同分野の開発・維持体制の強化・効率化を積極的に推進している。ナスダックOMXグループやロンドン証券取引所によるIT企業の買収はまさにその典型例であり、それらの組織強化は自社のITシ

図表4－10　海外主要取引所とJPXの収益構造比較

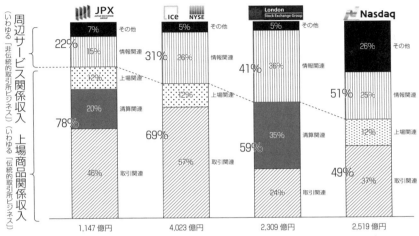

（注）公表資料に基づく大まかな収益分類であり、事業の内容は必ずしも一致しない。
（出所）2016年8月現在の各社公表資料よりJPX作成。

ステムの機能強化やコスト抑制に貢献し、その後それらの外部提供による収益の拡大や事業ポートフォリオの多角化へと活用されている。特に近年、開発途上国においても、デリバティブ分野や債券分野などの商品拡大に伴う機能面での必要性に加え、外国人投資家の参入促進を図るためにグローバル投資家のニーズに適うITシステムの導入を目指す動きが顕著になってきており、そうした開発途上国のニーズもビジネス的関わりを加速させている要因となっている。

　このほか、短期間でビジネスになり難い相手先に対しては、出資を通じて長期的な関係を構築し、将来のITシステム提供機会を確保するとともに、政府主導で進められる国営企業の民営化案件の上場誘致や、株式保有による配当収入を目指す動きもみられる。中でも、開発途上国の国営資源採掘会社などのIPO案件では、相応の規模の資金調達が見込まれる一方、国内で十分な資金が期待できないために海外重複上場に対するニーズが生じるケースがあり、そうした企業の上場誘致もビジネス機会の一つとなっている。

第4節
これからのJPXと開発途上国との関わり

I 基本的考え方

　JPXは、現在の現物株市場に依存した収益構造を変革し、長期安定的な市場運営を可能とすることを目標に、第二次中期経営計画において関連施策を重点的に進めているところである。開発途上国との関係については、それらを直ちに収益に繋げることは難しい側面もあるものの、取引所に対する社会的期待や国内外の経営環境を踏まえ、海外政府機関・取引所等との関係構築をこれまで以上に積極的に推進し、制度構築やITインフラの整備に関わっていく考えである。

II 想定される対象地域

　想定される対象地域の基本的な考え方として同じアジアのタイムゾーンの開発途上国が、業務慣行の類似性や文化的な親近感等の観点から、当然に最も優先順位の高い対象地域と考えられる。特に、取引所関連のインフラ整備は政府そのものの協力が必要であるケースが多く、またその社会的影響も少なくないことから、過去からの国同士の関係性に大きく影響を受ける場合が多い。その点、多くのアジア諸国と日本との関係は相対的に良好であり、現在の日本政府による積極外交も奏功し、今まで以上に日本に対して支援を求める傾向が強くなっている。先行する韓国による支援が難航している地域や、中国に対する経済依存を脱したい又は安全保障上の問題を抱えている地域などについても協働機会があると考えられる。

III 期待される分野

　期待される支援分野としては、日本が過去に経験した問題への対処策や市

場成長の背景にある制度改善等の知見に対する期待が強い。特に、世界的金融危機を背景に開発途上国においても不良債権処理が大きな政治課題となっており、また、国内経済の成長加速のために政府保有企業の民営化を促進しようとする動きが多数みられている。また、最近では、サーキットブレーカーなどの市場監理制度、市場監視、企業開示、企業のコーポレート・ガバナンス強化などに加え、NISAなどの投資家拡大策、マザーズ／プロマーケット等の中小企業／プロ投資家向け市場などの分野への期待についても強く寄せられている。

　さらに、リーマンショック後の国際合意に基づき各国で中央清算機関（CCP）設立に向けた動きが進展しているが、JPXは世界有数の清算機関としてJSCCを擁していることに加え、当該分野はデリバティブの証拠金処理など高度な知見が求められることから、同分野においてJPXの支援が求められる機会も増えている。また、これは、開発途上国でマーケット拡大が進む国債のヘッジツールとしての先物市場の整備ニーズと併せて寄せられるケースが多く、この分野についてもJPXはアジアで相応の強みを持つことから、今後、アジア周辺国への支援拡大の契機として広く活用できるものと考えられる。現物債券分野についても同様に支援ニーズが高まっており、この分野ではすでに財務省がアジア債券市場イニシアティブ（ABMI）等を通じて支援提供していることから、今後、そうした分野を効果的に組み合わせた取組みにも期待したい。

第5節
開発途上国への支援を進める上での課題

I　多様な国際協力機関との連携拡大

　開発途上国への支援提供の実現のためには、支援国と被支援国における合意が必要であり、一方的な関係は成り立たない。特に、支援に必要な費用負担をどこに求めるかは重要なポイントであり、そうした支援プロジェクトのための予算手当が可能な国際協力機関との連携が極めて重要である。JPX

としては、これまで多くの支援案件において主にJICAとの協働により支援活動を展開しているが、幅広い案件への関与可能性を高める上では、より広範な国際協力機関との連携も有効となる。例えば、開発途上国の資本市場整備案件の協力機関として広く実績のある、世界銀行（World Bank）、アジア開発銀行（ADB）、欧州復興開発銀行（EBRD）、アフリカ開発銀行（AfDB）、国際金融公社（IFC）、などとの連携拡大も有効であろう。また、日本政府がこれら国際協力機関の主要出資者となっているケースもあり、今後ますますの連携を通じて日本が被益する構図を描くことが、官民ともに重要だと考えられる。近年、これらの国際協力機関のアウトリーチセミナーが開催されるようになってきていることから、これまで日本企業とあまり接点のなかった国際協力機関においても、日本企業を活用した支援案件が拡大していくものと思われる。

Ⅱ　国内関係機関との連携と予算措置の優先度向上等

　国内関係機関との連携強化についても多くの課題がある。連携を模索する国際協力機関としては、日本企業との協働が相対的に容易なJICA等が最初に想定されるが、その活動に大きな影響を与える政府の開発協力大綱（ODA大綱）において、金融分野の優先順位が他の分野に大きく劣後しており、その結果、現場レベルで予算や人材確保が難しく、案件組成が進まないことが課題として挙げられる。ODAの利用先として、ライフライン等の生活に必要不可欠なインフラ整備が優先されることは当然ではあるが、我が国は国家戦略として質の高いインフラ輸出を掲げており、これらに対する支援期待も相当程度高い状況がある中、開発途上国の自律的発展を促すための資本市場整備についても優先度を上げて対応できる環境整備が必要であろう。特に、取引所など資本市場の上流インフラが提供できれば、その後、日本の金融機関や関連ITベンダーの現地でのビジネス拡大や、我が国金融インフラの海外でのデファクトスタンダード化とそれに伴うプレゼンス向上など、幅広い効果が期待できるものと考えられる。

　JICA等を通じた支援案件の組成に要する時間短縮や手続きの簡素化につ

いてもさらなる改善が望まれる。特に、資本市場分野の支援案件は人材育成やITインフラの整備支援が中心であり、仮にITインフラ整備を想定した場合であっても、必要となる費用はソフトウェア開発に係る人件費が大部分を占め、かつ金額規模も道路・港湾建設などに比べると圧倒的に小さい。この点、現在の契約手続きは、こうした大規模な建設工事を前提としているため、手続きに要する作業やスピード感が支援規模にマッチしていない状況にあり、制度の柔軟化に向けた取組みが期待される。

　また、国内の専門家やコンサルティングファームと国際協力機関との連携強化も重要な課題である。開発途上国における支援ニーズは断片的で統合されていない場合が多く、その結果、それぞれ別々の支援案件として複数の国際協力機関に支援要請が寄せられるケースが多い。実際、多くの開発途上国において制度インフラの一貫性や連動性が著しく乏しいといった事例がみられており、そのこと自体が開発途上国に別の困難をもたらしている。こうした状況を避けるためには、支援を提供する側が全体を俯瞰した一貫性・連動性のある制度インフラ整備を積極的に提案する必要があり、関連する専門家やコンサルティングファームが分野横断的に連携し、より統合された支援パッケージを構築していくことが望まれる。また、そのことは、開発途上国にとっても受け入れ易い支援パッケージの構築に役立つだけでなく、他国の支援に対する競争力にも繋がるものとなる。

　同様に、一つの開発途上国における政治的課題は、周辺国においても潜在的に同様の支援ニーズへと繋がる可能性があり、関係者間の情報連携が重要である。例えば、中央アジアの開発途上国において支援ニーズが確認されている国営企業の民営化促進といった政治的課題の背景には、最近の天然資源価格の下落が大きく影響している。中央アジアの資源国にとって資源価格の下落は国家財政に直結する大きな問題であり、自ら改善することは困難である。特に、中央アジアの内陸国がロシアや中国に経済的に依存せざるを得ない構図であることは周辺国で共通の構図であり、そうした関係性の改善は容易ではない。従前から天然資源輸出に依存してきたため、国内産業も小さく財政の落ち込みをカバーできる状況にもない。このため、中央アジア諸国は政府保有企業の民営化を促進することにより、民間資本による産業育成を目

指すとともに、国家財政の穴埋めを図る必要に迫られている状況にあり、それらを円滑に進める観点から資本市場の整備・機能強化が急務となっている。こうした背景を含む認識を国内関係者間で共有することで、どの分野に潜在的な支援ニーズがあり得るのか、支援パッケージにどの分野を盛り込むべきか、より実質的な議論が可能となり、また開発途上国に対する情報収集や提案活動もより効率的・効果的に進めることができるようになると考えられる。

III 他の支援提供国の動きを踏まえた日本の対応

次に、最近の他の支援提供国の動きに我が国としてどのように対応するかも大きな課題である。前述したとおり、中央アジアをはじめ天然資源輸出に依存する開発途上国の多くが、最近の資源価格の下落の影響から財政難に陥っており、そのような状況を脱するためにも資本市場の整備・強化や国営企業の民営化促進に対する支援を必要としている。しかしながら、実際にインフラ整備をするためには開発・維持に相応の費用を要し、財政難の開発途上国自身で負担することは当然に難しく、国際協力機関や支援提供する取引所としても不確実性の高い事業に対して積極的に投資することは難しい状況にある。こうした中、資本市場インフラ整備の分野においても中国のプレゼンスが高まりつつあることに注意が必要である。実際、資本市場インフラの整備・強化を考えている複数の開発途上国に対して、中国政府が積極的にアプローチしていることが確認されており、その中には、上海証券取引所（SSE）を含む複数の中国の機関によるパキスタンの証券取引所に対する出資提案や中央アジアの取引所に対する出資についての動きも複数確認されている。中国政府はアジアインフラ開発銀行（AIIB）等を通じてアジア域内のインフラ開発を早急に進める意向であり、「一帯一路」構想についても積極的に推進しているところである。また、それは資本市場にとどまらず商品市場（農産物、工業品）に対する影響力拡大をも意図したものとも考えられる。こうした戦略の中で、アジアの開発途上国の市場インフラに対する中国の影響力が今後強まる可能性があり、今後の動向に注意が必要である。この

点、民間レベルを超えた国家間の商圏拡大を意図した動きに対して、日本としてどのような戦略をもって対応していくのかは、改めて関係者間における検討が求められる。中央アジア以外にも、例えば、アセアン地域における日系企業を中心としたサプライチェーンは世界的に重要な役割を果たしているが、中国と域内諸国との関係が深まり各種社会インフラが中国や日本と競争関係にある特定の国の影響を強く受けることとなったとき、我が国の海外での経済活動、とりわけ開発途上国を活用した生産活動に影響が生じる可能性も否定できない。現在はこうした問題が指摘される場面であまり見られないことから、実際の問題が顕在化する前に関係者による検討が進められることを期待したい。

第5章

「陸のASEAN」へ賭けるインドシナ
～ラオス、カンボジア～

第1節

はじめに

　2015年末、「ASEAN Economic Community（ASEAN経済共同体、以下AEC）」が発足した。ASEANは、経済共同体、安全保障共同体、社会文化共同体の三つの「目標」をそれぞれ創設し、それらを重ね合わせるかたちで加盟国間の結束をより強めることを目指してきた。しかし、周知のとおり、そのうちの「安全保障共同体」の構築は、中国による強圧的とも言える南下政策に直面する中で、その抑制を意図した（関係国による）『南シナ海における行動規範』の整備・策定以上の効力ある合意形成は当面、困難な状況にある。また、『社会文化共同体の構築』についても、宗教観や生活意識などの面で、個々の加盟国が独自に育んできたアイデンティとの「調和」の難しさゆえに、直ちに「成果」を期待することは難しい状況にある。

　となると、加盟国としては、必然的にAECの更なる拡大と発展に期待を寄せることになるのも容易に理解できる。今なお「課題」は残されてはいるものの、今後における拡大・発展は、加盟10か国の中でも「後発組」とされるカンボジア、ラオス、ミャンマー、ベトナム（以下、CLMVという）にとっては、「先発組」とされる6カ国に追いつくために、域内物流の効率化、ヒトや投資（資金）の広域相互乗り入れに途を拓くAECのメリットを自らの成長に、どう生かしていくかにかかっており、まさに「正念場」を迎えている。その意味でもCLMV各国にとっては、長年にわたり進められてきた物流改善に向けた「南北」、「東西」、更に「南部」の各地域横断的「経済回廊」の本格的な稼働に対する期待は大きなものがあろう（図表5－1参照）。

　EU（欧州連合）型「経済統合」とは異なるAECの発足が、今後の「世界経済のけん引役」としての成長が期待されるASEANにとって、どのように作用していくかについては、成熟化が急速に進む我が国にとっても、「対アジア戦略」の要とも言える重要な視点であり、様々なの角度からその行く末について、これまで以上に意を払っていく必要があるとも言えよう。

図表5−1　インドシナ地域における物流整備の状況

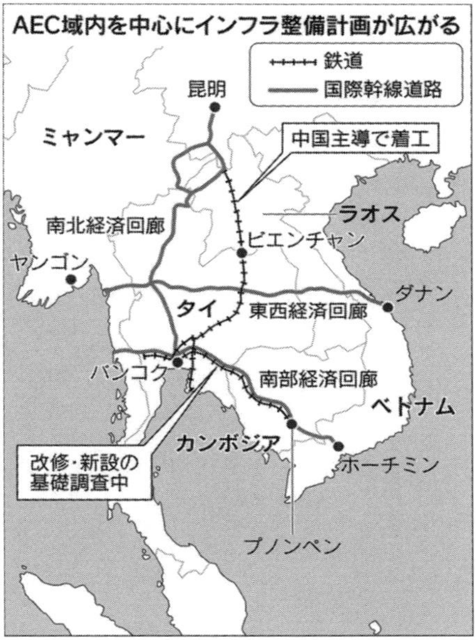

AEC域内を中心にインフラ整備計画が広がる

凡例：鉄道、国際幹線道路

地図中の表記：ミャンマー、昆明、中国主導で着工、ラオス、ビエンチャン、南北経済回廊、ヤンゴン、ダナン、タイ、東西経済回廊、バンコク、南部経済回廊、ベトナム、改修・新設の基礎調査中、カンボジア、ホーチミン、プノンペン

（出所）2015年12月30日付『日本経済新聞』

　とりわけ、米国のトランプ新大統領による「TPP（環太平洋経済連携協定）離脱」宣言による関係国への「影響度」が未だ推し量ることが難しい段階においては、はたしてAECを軸とした「拡大ASEAN＋3」や「東アジア地域包括的経済連携（RCEP）」が、その代替策となり得るのか、我が国の行く末にも多大なインパクトを与えるのは必至といえよう。その意味からも、ASEANは今、大きな転換期に立たされている。

　以下では、今回のAECの発足が、ASEANへの加盟でも「後発組」とされてきたCLMV、とりわけラオス、カンボジアにとってどのような影響をもたらし得るのか、両国の置かれている政治的、経済的、社会的位置付けなどと重ね合わせることで、改めて検証を試みることとしたい。

■ 第2節

ASEANにおけるラオス、カンボジアと日本

　ASEANに限らず、一般に「経済統合」は、①その域内における関税を撤廃することで「自由貿易」を実現させ、②当該地域への「共通関税」の導入に基づく、いわゆる「関税同盟」を確立するとともに、③生産拡大に必要な労働力、資本などの自由な移動を認め、最終的には「域内共通通貨制度」を基盤とする共同体市場の創設を目指すものとされている。言うまでもなく、EUはこのプロセスを辿ることで、今日の地位を築き上げている。

　これをAECにあてはめてみると、2015年末発足を目指した「工程表」では、「単一の市場と生産基地」、「競争力のある経済地域」、「公平な経済発展」、「（地域として）グローバル経済への統合」という四つを基本目標として掲げていた。なかでも、「単一の市場と生産基地」に関しては、モノ、各種サービス、投資（資本）、更にスキルに溢れた労働者の自由な移動等について、それぞれ具体的な工程を示していた（図表5−2参照）。

　実態面からみると、「モノの移動」の自由化については、加盟国間での関税の撤廃が進んでいる（図表5−3参照）。即ち、先行する6カ国（ブルネイ、インドネシア、マレーシア、フィリピン、タイ、シンガポール）の間では、品目ベースでみた関税の撤廃率は99.2％に達しているとされ、後発のCLMV四カ国についても90％超となっており、2018年までには一部の農・畜産品目を除き、全品目での関税撤廃を目指すところまできている。この点だけをみれば、AECとしての「貿易の自由化」は、他の一般的な自由貿易地域と比べても、遜色のない、むしろ高い水準にあると言えなくもない。

　しかしながら、加盟国間での「貿易」の現状を見る限りにおいては、現在までのところ、その効果が活かされているとは言い難い。即ち、かねてより問題とされてきた、個々の国が長年、独自に運用してきた対外貿易面での「慣行」や「対応措置」といった、いわゆる「非関税障壁」は依然として色

図表5-2　AECの基本目標

単一の市場と生産基地 ・物資の自由な移動 ・サービスの自由な移動 ・投資の自由な移動 ・資本のより自由な移動 ・熟練労働者の自由な移動 ・優先統合セクター	競争力のある経済地域 ・競争政策 ・消費者保護 ・知的財産権 ・インフラ整備 ・税制 ・電子商取引
公平な経済発展 ・中小企業育成 　ASEAN統合イニシアティブ経済発展で先行するASEAN諸国は7つの優先プロジェクトでその他諸国を支援	グローバル経済への統合 ・対外経済関係への一貫したアプローチ ・グローバルサプライネットワークへの参加拡大

（出所）ASEAN事務局等の資料を基に作成

図表5-3　ASEANにおける関税の撤廃・引下げの状況（'15年1月段階）

国　名	総品目のうち、関税率ゼロの割合
シンガポール	100.00　（%）
タイ	99.85
ブルネイ	99.27
インドネシア	98.87
マレーシア	98.74
フィリピン	98.62
ミャンマー	92.56
カンボジア	91.48
ベトナム	90.22
ラオス	89.32

ASEAN10（95.99%）
　ASEAN6（99.20%）
　CLMV（90.85%）

（出所）ASEAN事務局、ジェトロ資料などを基に作成

濃く残されているとされ、実際には「自由な相互往来」の実現には至っていない。故に、今後の課題としては、当初の目標どおりに、円滑な物流を確保し、もって地域の安定的な発展に資することが出来るか、国際的な経済環境が大きな転換期を迎えている今、言わば正念場を迎えている。立ち遅れた地域経済の安定的発展と拡大にとって、海外からの継続的な投資を確保出来る事業環境の整備は不可避の課題であり、歴史を見るまでもなく、広く認識されているところではある。

　これをCLMV諸国に当てはめてみると、残念ながら、そのレベルはインドシナ地域における海外からの投資先としては最大とされるタイに比べ、依然としてかなり立ち遅れていると言わざるを得ない。例えば、海外企業からみて、事業進出に不可欠な「法制度」そのもの整備はもとより、仮にルール等の整備が済んでいたとしても、実際の「解釈」などでは、なお不透明なかたちでの「運用」が後を絶たないとの声は少なくない。また、関連する許認可申請、税務処理等の行政手続きも煩雑なため、時には最終的な認可を得るまでに膨大な時間を要するとの批判も絶えない。更に、カンボジアやベトナムなどでは、今も「慢性的な電力不足と高い電気料金」といった、よりプラクティカルな問題も抱えた状態にある。

　その一方で、近年、中国沿海部やタイで人件費の急上昇が進むなか、CLMV諸国は相対的に低廉な労働コストを武器に、「チャイナプラスワン」、「タイプラスワン」として、その優位性が見直されているのも事実である。ただ、一見すると似通っているかのようにみえるこの「…プラスワン」も、日本企業にとっては、前者と後者とでは、いささか趣が異なっていることに留意しておくべきではないかと思われる。

　即ち、前者は2010年の東シナ海・尖閣諸島の「国有化」を機に高まった中国各地での「反日機運」に象徴される（政治的理由に基づく）「リスク回避」としての"拠点再編"として捉えられる一方、後者については、"タイに拠点を置きつつ"、特に労働集約型の工程を、人件費に代表される労働コストの安い隣国へ移すことでまずはコストダウンを図り、組立、検品といった最終工程は再びタイへ戻し、最終完成品はタイから出荷するといった、いわば広い意味での"サプライ・チェーンの再構築"として捉えることで、そ

図表5－4　インドシナ関係国の基本経済指標

	カンボジア	ラオス	ミャンマー	ベトナム	タイ
			(参考)		
人口（万人）	1,468	690	5,148	9,073	6,676
名目 GDP（億ドル）	165.5	117.0	628.0	1,853.5	3,738.0
実質 GDP 成長（％）	6.97	7.41	7.69	6.0	0.9
1人当り GDP（ドル）	1,081	1,693	1,221	2,052	5,445
基本給（月額／ドル）	113	112	127	173	369
進出日本企業数（社）	155	114	250	1,451	8,890
在留邦人数	2,270	671	1,330	13,547	64,285

(注)　人口、名目 GDP、実質 GDP 成長率。1人当たり GDP は2014年時点
　　　月間基本給は JETRO『第25回アジア・オセアニア主要都市・地域の投資関連コスト比較』（2015年6月）から抜粋（カンボジアでは、'16年1月1日から、製靴・縫製業の最低賃金が月額140米ドル、'17年1月1日以降は更に同153米ドルに引き上げあげられている）
(出所) 外務省、JRTRO などのデータを基に作成

の意味合いを明確にすることも可能である。こうした点を踏まえつつ、まずはインドシナ全体を俯瞰する。

　メコン河に接するラオス、カンボジアは、地域紛争に代表される政治的混乱などにより、長らく ASEAN の中でも「開発・発展」の流れから立ち遅れていた。しかし、カンボジア和平成立（1991年）を機に、アジア開発銀行（ADB）のイニシアティブにより新たに策定された地域の総合的な開発計画（Greater Mekong Sub Region プログラム、GMS）の推進により、民生及び経済的基盤の整備・安定という面で、両国を含む CLMV 各国は、更なる発展へ向けた成長軌道を歩もうとしている。前記したように、それには、地域横断の物流インフラとしての機能発揮が期待される三つの「経済回廊」が切り札となる。

　2015年に関係国（中国、ベトナム、タイ、ミャンマー）との「連結」を見るに至った「南北」、「東西」、「南部」の各経済回廊（幹線道路）の建設・整備は、GMS においてもコアのプロジェクトとして位置づけられていたもの

であり、これらが一応の完成をみたことで、ラオス、カンボジア両国の期待も大きいと伝えられている。また、この地域に対して、我が国は、GMSの策定以前から、円借款・無償援助等を通じ、多くの分野で地域の開発に支援を重ねてきたことから、ラオス、カンボジアを含む各国の対日感情は極めて良好であり、現時点では大きな政治的問題も抱えていない聞く。

我が国としては、こうした良好な国民感情を落胆させることなく、引き続き、両国並びに地域の発展に支援、協力を進めていくことが、将来的に日本にとっての「国益」に繋がることを認識しておく必要があろう。とりわけ、この地域は後述するように、「南下政策」を進める中国にとっても、近年、ますます地政学的に重要度を高めていることを踏まえると、今後、どのように日本のプレゼンスそのものを高めていくか、関係者の一層の取り組みが期待される。

第3節

ラオス～日本は半世紀を超えて「国造り」支援を継続～

I 一党支配体制による経済運営（中国、ベトナム型市場運営に範）

ラオス人民民主共和国（Lao People's Democratic Republic；Lao PDR）という国は、一般の日本人にとっては、今も「遠い国」、「未知の国」というイメージで捉えられているためか、近年は増えてきたものの、我が国との貿易関係をとってみても、輸出・入ともに極めて少額に留まっている。

歴史を辿ると、ラオスのルーツは1353年、ランサーン（Lan Kang）王国として建国された時まで遡るとされる。以後、18世紀の初めに三つの王朝に分裂し、19世紀の初めにはタイに併合され、更には19世紀末に仏領インドシナの一部としてフランスの支配下に置かれるといった経緯をたどってきた。

第二次大戦後の1953年、フランスからの「独立」を果たしたものの、旧王族の流れをくむ「右派」、中国などの支援を受けた「ラオス愛国戦線（左

派）、「中道派」に分かれての内戦状態となり、更にベトナム戦争を背景とした米国による「右派」への肩入れ等も加わり、長期間、『安定』とは程遠い状況を余儀なくされたという歴史も有している。1974年、漸く「左派」が国内を掌握し、翌75年の「王政」廃止を経て、社会主義の下での建国路線を確立、今日に至っている。

　経済運営に関しては、同じく社会主義体制をとる中国、ベトナムをモデルとしており、段階的な市場開放、市場経済原理の導入を基本としている。2011年以降、年率7％を超える高成長を記録しており、直近のデータ（7.41％－2014年）でも順調な伸びを記録するなど、発展に向けた軌道に乗っていることが確認されている。ただ、これだけの「高成長」を記録していながら、インフレの兆しがうかがえないことは注目される。例えば、2014年の消費者物価上昇率は「4.12％」に留まっており、政府による「統制」が今のところ、機能しているとみることもできる。このため、国民の生活水準も徐々に上がってきている模様で、消費経済拡大の「芽」も着実に広がりつつあることが報告されている。

　今後の成長に期待を抱かせるラオスではあるが、それはまた、この国特有の「課題」、若しくは"地理的なハンデ"を抱える中での国造りとならざるを得ないことと表裏一体の関係にある。

　地図をみると一目瞭然ではあるが、同国は「海」に面しておらず、他国との貿易関係は、空路を除けば、陸路に頼らざるを得ない。換言すると、ラオスで製造・加工した製・商品を輸出する場合には、そのまま（近隣諸国に比して）割高な物流コストを負担せざるを得ない。それだけに、AECの発足によって、インドシナ地域においても、サービス貿易の自由化、広域にわたるインフラの整備、関税の撤廃などが進み、もって未整備状態に留め置かれてきた自国の道路網活用に途が拓かれることを期待していることは想像に難くない。

　ただ、同じメコン地域の国と比し、例えば隣国・カンボジアの半分（約670万人）程度にとどまる人口では「小国」に位置づけられるラオスがはたして、タイを成長軌道に乗ることを可能にした「安価で、豊富な（大量の）

労働力」を供給していけるのか、この点については懸念が残る。

　換言すると、ラオスの今後の成長戦略として、多くの新興国が導入してきた路線～海外からの支援・政府などの助成に基づく「大規模工業団地」の造成→海外企業の誘致→国内での雇用拡大→技術等の国内への転嫁（国内産業の育成）→持続的成長へ take off～が、そのまま適用できるのか、疑問なしとは言えない。思いきって、国土事情を活かした農業の付加価値向上、水力発電（能力）の更なる活用、観光産業の振興などを通じた、ラオスの国情に即した「経済戦略」と AEC とを連携させることで、独自の発展を志向することが可能ではないかとも思える[1]。

Ⅱ　産業基盤～農業・鉱業が主体　高い電力供給能力が強みに

　産業構造をみると、同国を支えているのは、今も伝統的な農業であることがみてとれる。GDP 構成比では全体の約 2 割を占め、労働人口では、今も全体の約 7 割が従事している。それでも、近年では産業別 GDP 構成比におけるサービス、工業の比率が徐々に増加しており、特に工業分野では、従来からの銅などの鉱業に加え、タイ経由による製造業のニーズ、サービス分野でも、卸・小売といった流通業が急速に拡大している。

　一方、ラオスの貿易収支は長年、「赤字」で推移してきた。2000年代半ば以降、金や銅の輸出により輸出額は増加したものの、国内で生産可能な製品が限られていることもあり、消費財や投資関連財の輸入増に押される結果、「入超」傾向が強まりつつある。

　因みに、2014/15年度をみてみると、輸出が約34億米ドル、輸入が約43億ドルと、差し引き 9 億ドルの「赤字」となっている。ラオスからの主な輸出品は、銅製品、電力、主な輸入品は、電気機器、機械類、燃料等となっている。近年の世界的なエネルギー資源価格低迷の影響を受け、鉱物資源の輸出は伸び悩み気味となる一方で、木材製品等の輸出が伸びていることに注目する向きも多い。更に、中国への農産物の輸出も増加傾向にある。

1　例えば、佐藤清一郎『ラオス発展の可能性』（2016年 1 月 8 日大和総研）などを参照

実はラオスには、経済成長にとって、見逃すことの出来ない「切り札」がある。それは「電力」[2]である。

　ラオス、カンボジアに限らず、新興国が外資を誘致し、現地生産工場の建設などにより、自らの発展を目指す時、進出する側（外資）からみて「大きな障害」となるのはインフラ、とりわけ（不安定な）電力供給と脆弱な物流基盤（道路）である。この点、ラオスは「電力不足」という問題とは無縁であり、供給そのものも安定している。現在の発電能力総量は、21カ所の水力発電による約300万キロワットと、実に「内需の3倍以上」もあることが報告されている。このため、ベトナム、タイに加え、予定されているカンボジアへの「電力の売却」が本格稼働すれば、新たに貴重な外貨収入源としても期待されることになろう[3]。

　ラオス政府自身は、段階的ながらも、政策面では「開放」姿勢を見せており、経済活動の自由度そのものは年々、改善されてきているが、今後はそれらに加えて、「豊富で、安価な電力」をアピールすることで、更なる海外企業の誘致に繋げたいとの思惑が感じられる。見方を変えれば、ラオスは、いわゆる「労働集約型」の産業集積は難しいかもしれないが、将来的には、電力消費を前提とする「電力集約型」産業（我が国でも、大手電機メーカーの一部が、半導体を製造していた国内工場を改造し、電力の集中投与による生鮮野菜の短期生育を手掛けているケースが報告されている）として、得意とする農業の高付加価値化に繋げることも不可能ではないのではないか。活用

---

[2]　ラオスにおける水力発電第一号の建設、運営が日本人の手によるものであったことは、意外に知られていない。1958年、久保田豊氏（現・日本工営創業者）が、当時のラオス政府当局者にメコン河の豊富な水量を利用した水力発電所の建設を提案、戦火の渦中でも建設を止めることなく、1972年、現在のビエンチャン北部に「ナムグム第一ダム」の完成となって実を結んだとされる。以後、同国の水力発電事業には、多方面から日本の支援が継続されてきたこともあり、ラオスでは日本の技術力、誠実な協力姿勢に対する高い信頼感が維持されている。

[3]　鉱物資源の輸出は現在でも全体の4割を占めるとされているが、各資源の「開発権」の多くは中国やベトナムが握っていることに加え、有限であることから、ラオス政府自身は、国家としての発展には限定的、時限的に寄与するだけであることを認識しており、恵まれている地域特性を活かした「ASEANの発電機」としての「電力供給」を、今後の持続的成長の礎とする意識が強い。因みに、メコン河（総延長4,600Km）の約40％にあたる1,900Kmはラオス国内を流れており、ラオス政府は、この豊富な「水資源」を活かすことで、近隣国への新たな輸出商品の柱とすることを企図している。

次第では、電力の効率的、効果的活用に基づいた、ラオスならでは産業基盤の育成にもつなげることが出来るかもしれない。

Ⅲ　AEC発足で期待高まる「物流網」の整備

　長い間「弱点」とされてきた物流機能の立ち遅れという点も、ここに来て改善されつつある。例えば"インドシナ三大回廊"のうち、ベトナム中部の港湾都市・ダナンとミャンマー第三の都市・モーラミャイン港とを結ぶ「東西経済回廊」、中国の雲南省・昆明から東南アジア最大の産業集積地、タイ・バンコクへと繋がる「南北経済回廊」のふたつの"大動脈路線"のラオス通過は、立ち遅れていた同国の道路事情の整備に拍車をかけており、今後、同国のみならず、この地域の経済発展にも大いに寄与していくであろう。

　特に、隣国カンボジアの南部を貫く『南部経済回廊』とともに、ラオスにとっての重要な産業インフラでもある『東西経済回廊』については、その構想段階から着工、完成に至るまで、日本政府による全面的な支援、協力の下で建設が進められてきただけに、本格稼働に至った現在、関係国の期待も大きなものとなっている。今後、更に整備が進み、大型トラックの利用などによる高度電子部品等の輸送が可能になれば、内陸国として抱えていた弱点も改善に向かうであろう。むしろ、立地面から南シナ海、インド洋、タイ湾にほぼ均等にアクセスが可能となるラオスについては、従来からのそうしたハンディキャップが薄れることで、新たな優位性といった点に焦点が当たっていくことも考えられる。

　ただし、道路網とともに物流の要とされる「鉄道」は、現状をみる限り、大きな期待はできない。事実上の国境となっているメコン河をはさむかたちで、2009年に開通した全長3.5Kmの「ノンカイ（タイ北部）〜タナレン（ラオス）」線のみが運行しているに過ぎず、観光客向けの路線に留まっている。

　しかし、そんな「鉄道後進国」とも言えるラオスも、独立以来、強い政治的関係を維持してきた中国からみると、地政学的にも重要な存在として位置づけられていることが窺える。例えば、2015年12月から、首都ビエンチャン

を通る『中国・ラオス鉄道計画』の本格的工事に乗り出していることからも、そうした思惑が感じられる。同計画はインドシナ半島を縦断して、中国雲南省・昆明とシンガポールとを結ぶ『汎アジア鉄道』の一部とされるものであり、中国は別に雲南省やタイ国内でも、この『汎アジア鉄道』に連結される路線の建設を進めており、インドシナ地域での鉄道を軸とした物流の主導権を確立しようとする動きを強めている（図表5－1参照）。

Ⅳ　日本との関係

　前記したとおり、日本との関係は極めて良好であり、ラオスはアジアでも有数の「親日国」として位置づけられている[4]。1986年の「改革路線」の採択後は、カイソン首相（当時）の訪日（1989年）を機に二国間の交流が次第に活発となり、1999年の秋篠宮・同妃両殿下のラオス御訪問、翌2000年の小渕総理（当時）によるラオス訪問以降は首脳間での往来が頻繁に行われている。2016年も、「東アジア首脳会議（EAS）」がラオスを議長国として、9月に首都・ビエンチャンにて開催された際に、安倍首相が訪問、トンルン・ラオス首相と会談するなど、両国間では良好な関係が維持されていることが確認された。

　こうした良好な二国間を更に維持、発展させるため、日本政府は様々な角度から同国への支援を継続しているが、そこにはインドシナ地域の総合的な成長へと繋げたいとする「期待」も含まれていることは想像に難くない。同国との今後の二国間関係のあり方については、2016年秋に外務省から発表されたが、「基本認識」を含め、その内容（図表5－5参照）は無理のない、妥当なものでとりまとめられている[5]。

4　1991年以降、日本はラオスにとって最大の援助国（ドナー）となっている。同国は1965年に日本が初めて「青年海外協力隊」を派遣した国でもある。更に、ラオスは「海」がないにもかかわらず、2007年に『国際捕鯨委員会（IWC）』に加盟し、以来、日本の捕鯨政策に対する支持を表明するなど、日本との関係は良好と言える。2014年度の援助供与額は、有償資金協力、無償資金協力、技術協力合計で約65.2億円。

5　詳細は外務省『ラオスの持続的な発展な向けた日本・ラオス開発協力計画』（平成28年9月6日発表）を参照

図表 5－5 「ラオスの持続的な発展に向けた日本・ラオス開発協力計画」の概要

1. 基本認識	➣ASEAN 経済共同体が発足し、経済統合が進む中、ASEAN 唯一の内陸国であるラオスの安定と繁栄は、ASEAN の一体性及び地域全体の平和と繁栄の確保のために不可欠 ➣ラオス政府は「第 8 次国家社会開発 5 か年計画（2016－2020）」で掲げる 3 つの要素（①経済、②社会、③環境の各分野におけるバランスのとれた発展）の実現を通じて、2020 年までの後発開発途上国（LDC）脱却を目標としている。日本は、両国間の「戦略的パートナーシップ」に基づき、本共同計画を通し、ラオスの取組を継続的に支援する
2. 共同計画の目指すラオスの将来像	■ASEAN 基準・国際基準に対して強靭な交通網の整備により、安全・円滑なヒト・モノの流通を確保し、メコン地域の流通ハブの基礎が形成される ■電源開発の促進及び電力網の整備により、併せて、メコン地域への電力輸出を促進し、ラオス及び周辺国の経済発展と国内の財政強化に寄与する ■産業人材育成の活動の活性化が図られる環境が整備され、産業競争力の起業及び企業する競争力の強化に貢献する、投資・ビジネス環境が整備され、民間企業の活動の活性化が図られる ■安全かつ各地域色のある農産物が生産され、コールドチェーンによって新鮮・安全に内外の市場に提供される これにより、農業が産業として確立し、農家所得が向上する ■保健・医療・上下水道・電気・公共交通といった社会基盤が均衡のとれた形で整備され、グリーン成長が促進され、各地域で特色のある文化・生活の基盤が確保される
3. 協力の三本柱	Ⅰ. 周辺国とのハード・ソフト面での連結性強化（交通インフラ整備・運営、物流関連制度整備、電源・送電網整備等） Ⅱ. 産業の多角化と競争力強化、そのための産業人材育成（教育の強化・拡充、投資環境整備及び官民対話の促進、中小企業に向け金融アクセスの改善、産業振興、フードバリューチェーン構築等） Ⅲ. 産業・文化保全に配慮した持続的な観光開発、地方開発を通じた格差是正（バス等公共交通手段の整備、上水道等公共基盤インフラの整備、地方都市における着実な実施のため、メコン河流域の環境保全、社会サービスの質改善等） ※上記三本柱の着実な実施のため、マクロ経済・財政の安定化、法の支配の推進、行政能力の向上、不発弾処理等の横断的な課題にも取り組む

（出所）外務省

"ASEAN最後発国"というポジションからの脱却に向け、ラオス政府としても正念場を迎えようとしており、2016年4月の国民議会で採択された「新5か年計画」で策定された各種計画を着実に実施に移していくことは至上命題とも言える。その意味でも、長きにわたり親密な関係を維持してきた日本の更なる支援に対するラオス側の期待は、これまでにも増して大きなものがあろう。我が国としては、どのような対応が可能なのか、企業関係者のみならず、学界、金融人なども含め、より広い視野から、選択肢としての官・民連携の拡大なども含め、サポートしていく方策を志向すべき時期に来ているように思われる。

第4節

カンボジア～「タイプラスワン」の本命を狙う～タイの"衛星工場"化を加速～

I アジアの製造工場を志向

カンボシアと聞くと、今日では、多くの人が世界遺産の「アンコール・ワット」に代表されるクメール王朝時代の史跡などを思い浮かべるであろう。しかし、その一方で、高年齢世代には、40年ほど前、狂信的な一派による自国民に対する信じ難い虐殺が行われたという、悲惨な歴史的事実が脳裏に浮かんでくる国でもある。当時の激しい「内戦」では、膨大な数の地雷が国中に敷設され、それらは現在も完全に除去されていないため、同国へ新規の投資や事業進出を検討する関係者の間では、今も『地雷の除去状況』なる一項目をチェックリストに含めるという。こうした現実は、他の多くの新興国では見ることは少なく、いわば"負の遺産"を背負いながらの「国造り」を進めざるを得ないこの国の知られざる一面と言っても良いだろう。

それでも、前記したラオス、ミャンマーなどに比べると、同じインドシナ地域に位置するASEAN後発組ながら、むしろカンボジアならではの「強

図表5-6　高い潜在的労働力供給能力

	カンボジア	（参考）ラオス
人口	1,468万人	678万人
人口増加率／年（%）	1.77	1.91
生産年齢人口率（%）	63.51	60.64
15歳未満の人口率（%）	31.61	31.23

（出所）ジェトロ、国連、世界銀行等のデータを基に作成

み」を活かしたアプローチがとり得ることを示している部分もある。換言すると、東南アジア最大の産業集積地、タイのバンコクに近いことに加え、近年では、スマートフォンの製造などを核に、急速に"アジアの製造工場"としての性格を強めつつあるベトナム最大の商業都市、ホーチミンにも近接するという「地理的優位性」を活かした戦略であり、いわゆる「タイプラスワンの本命」として結実させようとする試みとも言える。

　国土が日本の約半分、18.1万平方キロメートルのカンボジアには、2014年時点で約1,500万人と、我が国の約10分の一の人が暮らしている。人口では、隣国タイ（約6,700万人）、ベトナム（約9,000万人）に比べると「小国」となるが、若年労働者の工業分野への参入余地は高く、いわゆる「労働集約型」の作業工程には適した条件を備えている（図表5-6参照）。

II　賃金上昇のピッチは速くても、低廉な労働コストはなお大きな強み

　日本企業のみならず、海外企業からみたカンボジアへの進出メリットとしては、上述したとおり、まず（タイ、中国等に比べ）「低廉な労働コスト」があげられる。

　2010年以降は、この国でもいわゆる「月間最低賃金」などは急上昇しているが、同時期には、タイ、中国、更にはベトナムなどでも大幅な賃金上昇が続いており、これらの国々と比べても、カンボジアの賃金水準は、ASEAN加盟国の中では、なお最も低いという水準にある。こうした実態からみて、その相対的な優位性は当面、維持されるとの見方が関係者の間では支配的と

図表5－7　インドシナ地域諸国における月額基本給の比較（単位：米ドル）

	プノンペン（カンボジア）	ビエンチャン（ラオス）	ヤンゴン（ミャンマー）	バンコク（タイ）
一般工	162	179	127	348
中堅技術者	323	424	388	659
中間管理職（課長職）	664	1,005	951	1,401

（注）月額法定最低賃金に加え、食費補助等が付加されている
（出所）ジェトロ『アジア・オセアニア主要都市・地域の投資関連コスト比較（2016年6月）』

なっている（図表5－7参照）。

　ちなみに、アジア開発銀行（ADB）等の予測でも、今後10年ほどは、毎年30万人程度の若者が労働市場に参入してくるとされており、労働力（非熟練労働者）の確保に支障はないとみられている。

　但し、「労働者」といっても、農村からいきなり工場勤務となる人が大半なため、いわゆる導入教育は不可欠となっている模様で、日系企業の多くは、進出後、新規に採用した労働者に「研修」を実施したうえで実際の作業工程を割り振っている[6]。更に、日系企業では、こうした導入教育に加え、個人及びグループ毎の表彰制度、約8割の識字率の更なる向上を目指したクメール語教室、算数・英語等を教授する日曜学校、社員向け食堂の設置など、きめ細かな福利厚生策を実施し、定着率の向上を図っているのが実態とされる。

　しかしながら、こうした「低廉な労働コスト」も、現実には年々、上昇しており、今後の動向や政府による政策的対応などについては、進出を検討している企業はもとより、同国政府にとっても、早晩、対応を迫られる事態に直面するとの見方も少なくない。因みに、2016年11月初旬に発表された最新の賃金上昇率の決定過程からも、「労働力の確保」に対する同国の姿勢とい

---

[6] ある日系工場では、3週間にわたり「研修」（1週目：仕事・給料・会社・組織・規則とは何かの座学、2週目：チームワーク醸成のための集団ゲームによる訓練など、3週目：モノづくりの実践（ハンダ付け、組み立て等））を実施した後に配属している

ったものを垣間見ることが出来る。即ち、カンボジア労働職業訓練省は、同国で縫製・製靴業に従事する労働者への2017年の「最低賃金（月額）」を、2016年の「140ドル」から9.3％引き上げて「153ドル」とする旨、発表した（2016年9月29日付省令No.414KB/Br.K）。2017年1月1日以降、少なくとも国内で働く約70万人が適用対象になるという。

　労働者の賃金改定などを審議する政府主導の委員会では、雇用者側、労働組合代表らとの協議の後、当初、「月額148ドル」と決定された金額が担当大臣よりフン・セン首相に答申されたところ、首相自ら「5ドル上乗せする」ようにとの指示により、最終的には「153ドル（但し、試用期間中は148ドル）」となったことが報じられている[7]。最低賃金の改定は、「省令」上は縫製・製靴業組合加盟事業所に適用されることになっているが、日系企業の場合、現実にはその他の業種でもこの決定額に準じて給与を支払っている。

　最低賃金の上昇率をみると、'12年61ドル、'13年80ドル（前年比31.1％増）、'14年100ドル（25.0％増）、'15年128ドル（28.0％増）、'16年140ドル（9.4％増）と、2013年から2015年にかけては大幅な上昇となったが、直近の2年間についてみれば、1桁台の上昇に留まっている（図表5-8参照）。

　今回の引き上げ幅自体は、従前と比べれば低いものになったが、'17年には地方選挙、翌'18年には総選挙が予定されているため、政治的な思惑が「最低賃金」の決定にも何らかの影響を与えることを考慮しておく必要があるとの見方も少なくない。それだけに、今後も見込まれるその他の要因をも含んだ包括的な労働コストの上昇の動きには、意を払っていくべきであろう。

　このほか、カンボジア政府は、従業員を「家族」とみなし、ストライキを含む深刻な労働争議がほぼ皆無の日系製造業による進出を「良質な投資」として高く評価し、手厚いサポート体制を敷いていることでも知られてい

---

[7]　ジェトロ『通商弘報（f73312b9d2cd4556）』によると、首相が引き上げを命じたのは今回で3年連続となる。ちなみに、隣国ベトナムでは、賃金評議会が政府に提出した'17年の最低賃金案は、第1地域（日系企業の多いハノイ、ホーチミン近郊）で前年比7.1％増の月額375万ドン（約170ドル）となっている

図表5－8　カンボジアにおける労働コストの推移（月額賃金）

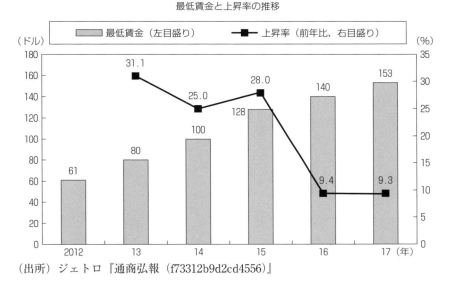

（出所）ジェトロ『通商弘報（f73312b9d2cd4556）』

る[8]。個別のビジネス上の課題を"二国間の外交マターとして解決する"仕組み（＝「日本・カンボジア官民合同会議」）は、その代表的なものといえよう。実際に、2009年の設置から既に10回以上の会合を重ね、総計40以上に及ぶビジネス上の課題を解決するなど、官民一体による継続的支援が維持されていることも日本企業による同国への進出に繋がっているものと思われる。

　必要な労働力の供給とその確保、その対価として支払う様々なコスト面からみたメリットは、それらを活かす「道具立て」としての物流の大動脈、『南部経済回廊』の全面開通（稼働）とセットで捉えることで、より大きな強みとなって、この国の発展に寄与していくことが期待されている。

---

[8] ジェトロの2015年10～11月の調査によると、製造業における「ひとりあたりの一般労働者に対する年間実費負担額」（本給、諸手当、社会保障費用、残業代、賞与などの年間合計退職金は除く）は、カンボジア2,642米ドル（調査対象18か国中15位）となっており、中国（8,702ドル）、タイ（6,337ドル）、ベトナム（3,855ドル）、ラオス（2,380ドル）、バングラデシュ（1,606ドル）等の周辺国に比し、依然として低い水準にある。

第5章　「陸のASEAN」へ賭けるインドシナ～ラオス、カンボジア～　135

Ⅲ　流通の動脈「南部経済回廊」と積極的な投資優遇策が支える「タイプラスワン」

　同回廊は、ベトナム（ホーチミン）からカンボジアの首都、プノンペンを経由し、タイ・バンコクまで、距離にして東京〜下関間に相当する約920キロを結ぶ最重要の幹線道路として稼働した。日本が中心となって整備が進められてきたインドシナ地域経済にとっては、今後の成長を支える切り札的な『動脈網』でもある。この幹線道路の全面開通なくして、いわゆる「タイプラスワン」戦略は機能し得ないと言っても過言ではない。換言すると、この幹線道の全面開通は、カンボジアをして、タイとベトナムに挟まれている地理的条件を、一気に「地の利」へと変えることを可能にするほどのインパクトを秘めていることに他ならない。

　今後の成長にとってのポイントとしては、これまで同国が受け入れて来た分野（縫製業、製靴業など）から、いかに早く、より裾野の広い産業分野へ進出できるかが挙げられる。即ち、2010年以降、日系メーカーの注目が高まるなか、既に自動車部品、電子部品、皮革製品、精密部品、化成品といった新たな業種の進出もみられるようになってきたが、カンボジア自身が更に高い次元の産業育成に向けた段階にキャッチアップするためには、現在、主流となっている「組み立て工程」のみならず、鋳造・鍛造・プレス・切断・研磨・切削など、いわゆる「モノづくり」の根幹となる工程の技術の導入と、（ローカル人材の育成と一体となった）その取得が不可欠となろう。

　ラオスと異なり、カンボジアが独自に進める「外資による投資優遇策」も見逃すことが出来ない。同国では例えば、小売業等を含む殆どの分野で、いわゆる「外資による100％進出」が認められているが、こうした措置は同じ様な発展段階にある他の新興国では見ることが出来ないものであり、外資の導入に賭けるこの国の積極的な姿勢をみることができる（図表5−9参照）。更に、進出に際して、「投資適格プロジェクト（Qualified Investment Project、QIP）としての認定を受けた場合には、最長で9年間にわたる法人税の免除、現地での生産に必要となる諸設備、原材料などの輸入関税及び付加価値税の支払い免除などの恩典も用意されている。

図表5－9　ASEAN諸国における流通サービスの外資規制（2015年6月時点）

	卸売り業	小売業	国内貨物輸送業	倉庫業
タイ	△	△	△	▲
マレーシア	△	△	▲	△
インドネシア	▲	△	▲	▲
フィリピン	△	△	▲	▲
ベトナム	△	△	▲	○
カンボジア	○	○	○	○
ラオス	△	△	△	▲
ミャンマー	▲	▲	△	△

（注）○：原則外資100％可　　△：条件付き又は業種次第で外資100％可
　　　▲：出資制限比率等の外資規制あり
（出所）ASEAN事務局、ジェトロなど

　同国からの製・商品の輸出についても、カンボジアは国連が定める「後発開発途上国（Least Developed Country、LDC）」に認定されているため、日・米・欧といった主要国へ輸出する際には、「特別特恵関税制度」の適用により、多くの品目が"無税"扱いとなる点でも有利な地位にある。また、国内では米ドルが広く流通しており、決済面、送金面でも、米ドルを利用する企業にとっては、為替リスクが小さいことも利点として指摘されている。

Ⅳ　残された「課題」

　潜在的な発展可能性が注目される一方で、カンボジアならではの「課題、障害」を指摘する声も少なくない。それらは、①原材料・部品の現地調達の難しさ、②必要な人材確保の難しさ、③割高な陸上輸送費、④現地労働者とのコミュニケーションの難しさ、⑤不明確な法律解釈・運用、⑥「経済特別区（Special Economic Zone、SEZ）」の管理会社の質、といった点に集約されている。これらの課題は、日本企業にとっても軽視できないものであり、

早急な改善が期待されるところであろう。

　ジェトロの調査によると、例えば①の「現地調達率」の問題については、同国に進出済みの日系企業のうち、必要な原材料・部品を現地で調達している企業は全体のわずか「2.2％」に過ぎず、ASEAN進出企業全体の平均（47.8％）と比べると、大きく下回っている。この著しく低い比率は、カンボジアの次に低いラオス（18.2％）と比較するまでもなく、深刻なハンデとなっている。

　また、②の「人材」確保に絡む問題としては、特に幹部社員や技術者の採用が進まないといった声が企業の間では絶えない。カンボジアでは、ポル・ポト政権時代に多くの知識層が迫害されたことや、長引く内戦を嫌って海外へ逃避したことなどから、人口構成上、20代後半から30代前半の、どの企業にとっても「働き手」として欲する層が薄いという、いびつな姿となっている。このため、いわゆる「幹部候補生」の人材は慢性的に不足状態にある。

　更に、「クメール語」が公用語として使われているカンボジアでは、（米ドルが流通してはいても）英語は殆ど使われていない。当然、進出企業の現地ビジネスを統括する駐在員にとっては、現地従業員、スタッフとの意思の疎通に苦労するケースが多く、効率的な経営に大きな障害となっている。③の「物流コスト」についても、国内での流通が小規模、零細な業者が担っている現状からすると、サービスの内容などからして「割高」と感じる企業が多いとされる。

　海外展開を検討する企業の立場からすれば、こうした「本業以外の」要因への対応を余儀なくされることでは、その地への進出も見直さざるを得ないという結論になりかねない。それだけに、受け入れ側としては、関係当局による迅速な措置はもとより、場合によっては、当該国の首相などによるトップダウンといった、強力な「指導」をもって改善への途を示しいくことも必要になろう。

V 日本との関係

　日本とカンボジアとの関係は、江戸時代の初期にまで遡ることが出来る。当時、既に国内には「日本人町」が形成されていたとの記録もあり、観光で有名なアンコール・ワットには、（いつの時代かは不明ながら）明らかに日本人の手による"墨書"が遺されている。第二次大戦後の1953年（昭和28年）には我が国と外交関係を樹立、'55年には当時のシアヌーク国王が国賓として来日するなど、この時期に外交関係の礎が築かれ、現在に至っている。

　特に1991年の「パリ和平合意」以降、内戦の終結から戦後の復興へと導いた日本の貢献は、今もカンボジアでは高く評価されている。国連主導による「平和維持活動（いわゆる「PKO」）」に基づく人的貢献を含め、これまで積み重ねてきた日本からの様々な支援は、同国における日本の大きな「アセット」となっている。有償・無償を併せた金額面からの支援でも、我が国は現在も累積額でトップドナーであり続けている[9]。

　更に、プノンペン郊外に整備された「プノンペン経済特区」や、「シアヌークビル経済特区」への日本企業による投資額では、他国に比べると巨額なものとなっている。観光分野でも、年間20万人超の日本人がカンボジアを訪問しており、'16年には日本からの直行便も運航されるに至り、同国でのビジネスを検討する日本企業や関係者にとって利便性も向上しつつある。

第5節
インドシナに浸透する中国の影響力

　ラオス、カンボジアを含むCLMV諸国の成長・発展にとって、中国の存在とその影響力を無視しては語れない。例えば、今やプノンペンの人口（約150万人）の3分の1はいわゆる華人（華僑）とされ、市内には至る所で中

---

[9] 例えば、プノンペンでは、福岡県北九州市の上下水道局の長年にわたる指導・協力の下、衛生的な水道水が供給されているが、こうしたインフラが機能しているのは、発展途上国では珍しい

国語の看板が目に付くと報告されている。一方、直接、中国と国境を接するラオスの首都・ビエンチャン市内にも巨大な「中華街」が出現、敷地内には100を超える中国人経営による店舗が営業しているという。その周辺にも、広東、四川、福建、東北など、中国各地方の風味を提供するレストランなどが数多く軒を並べ、『まるで中国の一地方都市になったかのような印象』(米CNN TV)と報道されるほど、その存在感を強めている。現在、ビエンチャン在住の日本人は、進出企業の駐在員を中心に約600人とされるが、華人・華僑は既に10万とも20万人ともいわれ、正確な数字は把握されていない模様である。着実に、ラオスは中国雲南省の経済圏に包含されつつあることがうかがえる。

ではなぜ、カンボジアとラオスで中国の影響力がこれほどまでに拡大しているのか、私見を畏れずに判断すれば、次のように整理できるのではないかと思われる。

①両国からみて、中国は「歴史的脅威」ではなかったこと。即ち、ベトナムやミャンマーは、過去、幾度となく中国と戦禍を交わすという歴史を持っているのに対し、ラオス、カンボジアはその種の深刻な軋轢を経験しておらず、「北の大国」に対する潜在的な意識という面では、明白な違いがあること、

②両国にとって、中国は隣国、特にベトナムを"牽制する"うえでは、「いざという時」に"頼りになり得る"存在であること、

③両国にとって、中国からの「経済援助」は、欧米主導の援助機関のように「民主化の推進」や「人権の保護」といった、両国からみて"面倒なこと"は一切言わないため、極めて"使い勝手"が良いこと、

④両国とも、欧米の民間企業などが大規模な投資を行うには、人口や経済規模が小さすぎること、などが考えられる。

特に、最後の④は、常に「投資採算」を重視する欧米諸国やその民間ビジネス関係者にとっては悩ましい課題になっているのに対し、こうしたことを心配することなく、国家戦略の視点から両国を含むインドシナ地域への投資を行える中国は、結果としてこの地域への影響力を強めることに繋がっていると思料される。

別の見方をすれば、10年ほど前のブッシュ政権は、イラクやアフガニスタンとの関係に忙殺されていたためか、「東南アジア」にまで眼が行き届かなかったことも中国には「幸いした」と言える。その後オバマ政権となり、漸く「アジア回帰」を打ち出したものの、米国不在の時期に、中国はこの地域に対し、物心両面から大きな支援を継続していたため、そうした余裕がプラスに作用したことは明らかである。言い換えれば、多くのアジア諸国にとって、突如、米国から「アジア回帰」といわれても、自分達に実際、何をしてくれるのかとの、言わば疑心暗鬼にも似た感情だけが残ったに過ぎなかったのではないかと思われる。

　カンボジアを挟む形でベトナムとタイ、更にはミャンマーとを結ぶ「南部経済回廊」が、インドシナ地域の発展を今後の成長にとっての「糧」とする日本にとっての"生命線"とするならば、同じインドシナ半島を、雲南省・昆明からラオスを通り、タイ・バンコクまでを結ぶ「南北経済回廊」は、この地域での影響力拡大を企図する中国にとっての"大動脈"に他ならない。

　更に、中国からラオスを通り、タイまでを結ぶ鉄道についても、近く工事が本格化するとも伝えられており、陸路と鉄路というふたつのルートを固めることで、この地域における自らの影響力、存在感をより強めようとする中国の姿勢は、もはや止めることも難しいと言わざるを得ない。

　「その先」には、トランプ次期米政権による"多国間自由貿易協定"路線からの全面撤退によって窮地に陥ったマレーシアやシンガポールなどが、早晩、中国の南下戦略に組み込まれていくという姿が浮かび上がってくる。それだけに、日本（企業）も、刻々と変わる状況を的確に踏まえながら、思い切ってこれまでの「インドシナ観」を抜本的に変えるくらいの意識をもちつつ、メコン経済の成長と対峙していくことを考えていくべきであろう[10]。

10　プノンペンには、市内を流れる川をまたぐかたちで、日本の支援で1963年に造られた唯一の大きな橋、「カンボジア日本友好橋（通称・日本橋）」があるが、2014年12月、中国は邦貨換算約33億円をもって、既存の「日本橋」と並行して二倍の車幅（片側二車線）をもつ橋を造成した。激しくなってきたプノンペン市内の渋滞緩和のために、既存の「日本橋」の増幅工事などではなく、新たな橋梁の建設が選択された裏には、企画段階から最終決定、本工事へと素早い対応をアピールし続ける中国の巧妙とも言える地域戦略が垣間見える。それはもはや日本も、これまでの「経済協力の積み重ね」に安住することはできないことの裏返しであり、象徴的な光景とも言える。

ただ、ラオスもカンボジアも「小国」故に、この地域における「大国」の間を"巧みに"泳ぎながら、自らのレゾン・デートルを確保、維持してきたという歴史的事実をみれば、今後も特定の「大国」一国にだけ、その運命を委ねることはないと思われる。であれば、日本と日本企業にも、まだまだ機会は残されているとみることは可能である。これまで以上に、冷静に地域の動きを見定めることが求められる所以とも言えよう。

■第6節

「結び」に代えて〜インドシナ経済の成長にみる日本の針路〜

Ⅰ　インドシナ地域に対する新たな perception の確立

ASEAN は人口6億人を擁する巨大な市場であり、タイを含むメコン地域には2.3億人が生活している。ここにインド（12億人）、中国（13億人）を加えれば、この地域の人口は優に30億人を超え、膨大な潜在的可能性を秘めていることは論を待たない。その中心となるのがメコン地域であり、今後、ますます注目されていくであろう。関係国をまたぐ複数の「経済回廊」を中心とした幹線道路網が整備され、更にそれらと結ぶ「支線網」も急ピッチで張り巡らされるのと並行して、早晩、この地域を「新たな生産拠点」として捉える動きも本格化してくると思われる。そうした動きが順調に拡大していけば、その他インフラの整備、充実と一体となる形で、メコン地域全体を包み込む「連結性」の向上が進み、次の成長へと繋がっていくに違いない。

地政学的にみれば、南下政策を進める中国は「縦」、日本は「横」のラインからの地域へのアプローチを続けていくことになろう。幾多の課題を抱えながらも、タイと CLMV 諸国の成長は今後も期待できるため、我が国にとっても、この地域へのアプローチは今後、更に増すことはあっても、減ることは無いと言えよう。その場合、メコン河を核とした地域の捉え方としては、これまでのように「国」単位ではなく、「面」として捉えていくべきで

あろう。今後も成長が期待できるだけに、各国の注目も増していくことは容易に想像がつく。それは、嘗ての"雁行型成長"時代をリードし、それをある種の「成功体験」として長らくアジアでの圧倒的な存在感に安住してきた感のある日本も、今後は楽観できないということでもある。世界的に諸環境が不透明感を増す今日、日本にとっての新たな「戦略的パートナー」として、この地域を捉え直していく時期を迎えている。

II 「価値を競う時代」への対応

　AECを貫く基本コンセプトは、ASEAN加盟国全体の「connectivity（接続性）」にほかならない。換言すれば、道路網の整備や通関処理の簡素化、諸規制の「統合（共通化）」などに象徴される"物理的な"接続性から更に一歩進め、加盟国が「AECという枠組み」そのものを、支障なく活用できる"制度的な"ものにしていく努力がより重要になってくるということでもある。EUなどとは異なり、強制力に頼らない「ASEAN統合」は、加盟国間相互の、また、各地域間の競争力を反映した「競争の舞台」とは一線を画した姿を辿るのではないかと思われる。

　それだけに、ひとつのことをASEAN全体として一致して進める「時間軸」と、各加盟国、若しくは域内各地域の実情などを考慮した「空間軸」といったものとのバランスを図りながら進めていく場面も増えてこよう。それは必然的に、企業側に従来の経営とは異なる対応を求めることとなり、域内での事業遂行にあたっての難易度を挙げていくことにも繋がるであろう。

　アジア特有の「多様性」に裏付けられた事業環境を踏まえれば、これからの競争は「価値を競う」という段階に移らざる得ないと思料される。そこでは、個人や個別企業ベースではなく、『チーム』による競争を念頭に置かざるを得なくなるだろう。例えば、既に日本よりは遥かに成長のスピードを速めているアジアと東京とでは、「時間の進み方」ひとつをとっても明らかに異なっている。そうしたスピードに応えるためには、日本企業が陥りがちな「過去の成功体験」に基づいた判断などは、何の役にも立たない。アジアを舞台にした競争で生き残りを賭けるのであれば、これからは「個別企業」同

士ではなく、パートナーシップ（或いは、アライアンス）、更には"システム"そのものの競争になると捉えるべきであろう。

時間軸と空間軸を考慮するということは、そのまま常に「戦略的発想」の見直しに努めるということとも言えそうである。故に、場合によっては、マネジメントとして、「何を捨てるか」といった決断を迫られることもあり得よう。事業環境が常に素早く変わる新興国を相手とするビジネスでは、こうした難しい判断をすることも避けられないであろう。

2016年は、英国のEUからの離脱決定、米国ではトランプ政権の誕生という、誰もが予想しなかったことが現実のものとなったということで、特筆に値する年となった。まさに「激変の時代」到来と言っても過言ではない。世界はいわば「海図なき航海」に船出したようなものとも言えるだけに、アジアもこうした世界的な変動の影響を受けていくことは想像に難くない。それだけに、今後は（ぶれることなく）「何を軸にするか」といった見方が求められるように思われる。その場合、求められるのは単に「成否」の判断ではなく、「より広い角度・視野」からの判断であり、それには、10カ国から構成されるASEAN特有の、いわゆる「多様性」といったものを理解することが避けられないであろう。

Ⅲ 「脱欧入亜」〜迫りくるアジアの世紀〜

歴史的とも言える政権の交代によって、米国が「内向き志向」を強めようとしている今、世界経済のけん引役は、これまで以上に新興国の成長に頼らざるを得なくなる。特に、世界の人口の約半分が集中するアジアは、今後、更にその期待が強まるのは確実であろう。ファンダメンタルズからみて、この地域の経済規模は2020年頃には欧米に比肩し得るようになり、その後も成長を続けることが予想されている。これが現実のものとなれば、別の意味での「変化のスピード」もますます速まるに違いない。

北は中国から、インドシナ地域を含む東南アジアに至るまで、企業規模、業種を問わず、既に膨大な数の日本企業がこの地域での事業展開を進めており、従業員のシフト、海外子会社の地域別構成などでも、「対アジア戦略」

が事業の柱となっている企業が急増している。ビジネスだけでなく、日本という国家にとっても、この地域との結びつきが重要になってきていることや、それにつれて実際にヒトの往来が急増していることなどを改めて見直してみると、もはや単なる「グローバル化」という言葉で包含するのではなく、日本経済の淵縁がこの地域に延伸しているということで、ASEANを捉え直す必要があるのではないかとも思える。

　上場企業の決算でも、年々、海外、特にアジアでの売り上げが拡大し、営業利益率でみても、この地域の占める割合は増えている。ASEANとの関係がここまで深まってくれば、その動静次第では当然、日本にも大きな影響が及ぶようになるであろうし、それは避けられない。それだけに、企業のみならず、日本人自身も、アジアが直面する問題・課題を自らのものとして認識し、解決していくよう努めることが求められよう。これからは「日本とアジア」ではなく、「アジアのなかの日本」という視線にたつべきであろう。換言すれば、日本（企業）は、これまでのように「パートナーを選ぶ」という立場から、ますます「選ばれる立場」になれるかどうかが問われるようになると思われる。それは言わば、大いなる「意識改革」を求めるものとも言えるが、そうした状況にあるということを理解できるかどうか、今まさに、日本人ひとりひとりが問われている。

　アジアの"最貧国"と呼ばれたラオス、カンボジアに限らず、今やどの国も「自前の政策」を持ち、その実現に必要な条件をそれぞれ打ち出すことで、これまで以上に自らの存在感をアピールすることに余念がない。であれば、日本（企業）は、今後、更なる成長が期待されるASEAN市場を、自らの能力強化に向けた「イノベーションの場」として捉え直していかねばならない。日本（企業）がこれを躊躇しているようでは、中国企業はもとより、他のASEAN各国の企業が乗り出してくるであろう。従来と同じ絵をかくようでは、日本（企業）に出番は無いとみるべきだろう。インドシナを含むASEANでは、今、何が起きているのか、何を求めているのか、更に、日本（企業）は何が出来るのかを考え、そこから共に発展していける機会を

造り出していくことをもって、初めて「アジアのなかの日本」というポジションに近づくことになるのではないかと思われる。

<参考文献>
- ASEAN Secretariat (2015), *A Blueprint for Growth ASEAN Economic Community 2015 : Progress and Key Achievements*
- Asian Development Bank (2015), *Asian Economic Integration Report 2015 : How Can Special Economic Zones Catalyze Economic Development?*
- Asian Development Bank (2014), *Project in Lao People's Democratic Republic*
- Economic Research Institute for ASEAN and East Asia (ERIA) (2015), *The Comprehensive Asian Development Plan 2.0 (CADP 2.0) : Infrastructure for Connectivity and Innovation*
- Economic Research Institute for ASEAN and East Asia (ERIA) (2016), *Non-Tarif Measures in ASEAN*
- Economic Research Institute for ASEAN and East Asia (ERIA) (2014), *ASEAN Rising : ASEAN and AEC Beyond 2015*
- 藤村学「メコン地域における経済回廊と日系企業の展開」(『国際貿易と投資』Spring 2016 No. 103)
- (一財) 国際貿易投資研究所「メコンはチャイナ＋1、タイ＋1の機会を活かせるか」報告書 (2016年3月)
- ASEAN日本政府代表部「ASEANの現状と日・ASEAN関係」(平成27年10月)
- ダイオナオークス「ASEANメコン圏の物流インフラ事情と輸送コスト」(2014年7月) 等

第 6 章

ミャンマーの経済と資本市場の発展

第1節

民主化と経済発展：
ミャンマーの立ち位置はどこか？

　2015年11月に実施された総選挙を経て、2016年3月末、アウン・サン・スー・チー氏が率いる野党・国民民主連盟（NLD）が主導する新政権が発足した。憲法上の規定により、アウン・サン・スー・チー氏は大統領職を側近のティン・チョー氏に譲り、自らは国家顧問兼外相に就任した。かねてより「自分が大統領の上に立つ」と述べていた通り、実質的には現在のNLD政権は、アウン・サン・スー・チー政権と称されるべき状態にあると考えられる。いささかイレギュラーな形態ではあるものの、2011年の民政移管に始まる同国の民主化が、一定の前進を見せたことは確かであろう。

　とはいえ、前途は多難である。まずは、民主化を如何に経済的成果に結び付けていくか、更には、経済的成果を高めるという観点から、民主化を一段と推し進めることが望ましいか否かという問題もある。もちろん、2011年に就任したテイン・セイン前大統領のもとで民政移管が実現したからこそ、ミャンマーは「最後のフロンティア」として経済的にも注目されるべき存在となった。新興国・途上国の経済発展においては、往々、先進国、ないしは経済発展で先行する新興国からの直接投資の受け入れなどが重要な役割を果たす。従って、政治的にも国を外に開くことが、経済的飛躍の必要条件となりやすい。しかし、この「出発点」をクリアした後、経済発展との関係からより重要なのは、民主化を一層推し進めることよりも、政治の安定や政策の継続性などであるかもしれない。例えば、共産党一党独裁を維持する中国の経済発展段階が、「世界最大の民主国家」とされるインドのはるか先に行っていることの意味は、ミャンマーを含む後発国にとっても教訓とされる必要があろう。

　この点に関し、示唆的な指標がある。世界銀行が発表する、「国民の声・説明責任」、「政府の効率性」、「規制の質」、「腐敗の抑制」など6項目からな

図表 6 − 1 「国民の声・説明責任」と所得水準

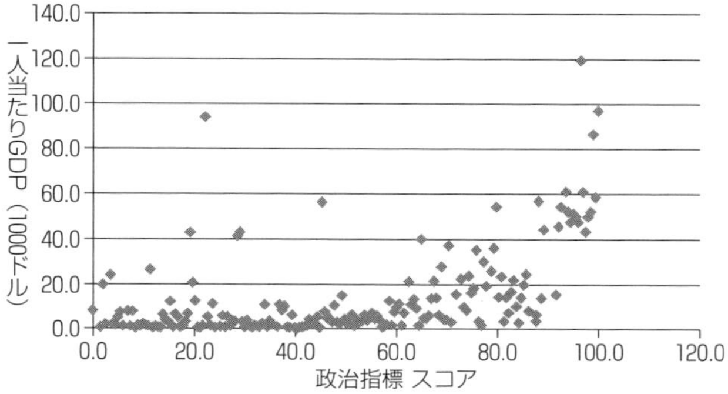

(出所) 世界銀行、IMF

る「世界ガバナンス指標 (Worldwide Governance Indicators)」がそれである。図表 6 − 1 は、その内、「国民の声・説明責任」と所得水準（一人当たり GDP）との関係を示している。「国民の声・説明責任」とは、「国民の政治参加の程度、表現、報道の自由」などを表しており、一言で言えば「民主化の進展度合い」を表す指標である（スコアは 0 ～100ポイント、数値が大きいほど民主化が進んでいることを示す）。

　一見してわかるのは、両者が緩やかな正の相関を示していることである。つまり、所得水準（経済発展段階）が高いほど、政治的にも成熟し、民主化の度合いが高まっていく。日米欧をはじめとした先進国が中国、ロシア、更にはベネズエラや北朝鮮を含む新興国・途上国よりも民主的であることは間違いなく、直感的にも腑に落ちやすい関係であろう。

　ただし、ミャンマーの「民主化」について考える際に重要なポイントは、所得と民主化の程度との相関の強さが、所得のレンジによって異なっていることである。図表 6 − 1 を一人当たり GDP 10,000ドル未満と以上で二つに分割したのが図表 6 − 2・3 であるが、一人当たり GDP が 10,000ドル以上の、比較的所得が高いレンジ（図表 6 − 3）では、両指標に正の相関が観察される一方、10,000ドル未満のレンジ（図表 6 − 2）では、所得水準と民主化の進展度の関係は希薄である。ミャンマー（2015年時点の一人当たり GDP は1,213ドル）のような低所得の領域では、所得の上昇が民主化をもた

図表6-2 「国民の声・説明責任」と
所得水準（10000ドル未満）

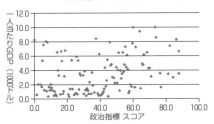

（出所）世界銀行、IMF

図表6-3 「国民の声・説明責任」と
所得水準（10000ドル以上）

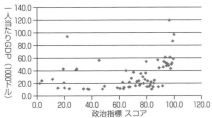

（出所）世界銀行、IMF

らすわけでも、民主化を進めることが所得上昇に寄与するわけでもない可能性が高いということである。

　このような、民主化スコアと所得水準の関係は、キャッチアップの初期段階では、いわゆる開発独裁的な政治の在り方が経済発展を後押しする上で、機能する余地が比較的大きく、一方、後発の利益をある程度享受し、中程度の所得水準を実現した後に重要となるのは、民間の創意工夫であり、それが生かされるには、制度の透明性と政治的成熟（民主化）などが必要になることを意味していると考えられる。

　一方、所得水準が低い領域でも、スコアと所得とに比較的強い正の相関が観察される項目に「規制の質」がある。「規制の質」とは「民間セクターの発展を許容し、促すための適切な政策や規制を策定し、実行する政府の能力」を指すが、ミャンマーにとってアジアの巨大な先行国である中国は、「国民の声・説明責任」のスコアは極めて低く（5.4ポイント）、「規制の質」スコアは比較的高い（45.2ポイント）。同国は、民主化を封じ込めたまま、強い政府の関与の下で、急速、かつ広範な産業インフラの構築を行い、あるいは外国企業への税制優遇措置などを講じてきた。こうした政策上のプライオリティの置き方が、これまでの高度成長を実現するうえで効果的であった可能性は高い。中国に関しては、台湾や韓国などの先例に倣い、所得水準の上昇に伴っていずれ民主化が進展するという期待が存在し、その期待がこれまでのところは裏切られ続けてきている。ただし、前出の図表は、この期待自体が間違っていたわけではなく、それが先取りし過ぎた期待だった可能性

図表6-4 「規制の質」と所得水準
(10000ドル未満)

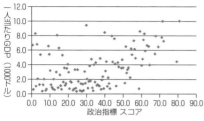

(出所) 世界銀行、IMF

図表6-5 「規制の質」と所得水準
(10000ドル以上)

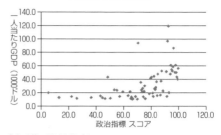

(出所) 世界銀行、IMF

があることを示唆している。急成長してきたとはいえ、中国の一人当たりGDPは2015年時点で8,141ドルに過ぎないからである。今後それが10,000ドル、15,000ドルへと上昇する中で、民主化、政治・社会変革を伴わずに成長持続が可能かという問いの深刻さが増す可能性があるということである。

所得水準、経済発展段階で中国に大きく遅れるミャンマーの政策的プライオリティの選択には十分な慎重さが求められると考えられる所以である。

この点に関し、新政権発足に際して懸念されたことの一つが、NLDが闇雲な民主化の進展を志向することはないかということであった。NLDは長く、軍政へのアンチテーゼ、民主化運動の象徴として存在してきた、こうしたアイデンティティへのこだわりが、例えば軍の影響力排除を急ぎ、早期の憲法改正を志向するなどの動きとして顕在化すれば、軍部の反発を惹起し、国内政治を混乱に陥れる恐れがある。しかも、上でみたとおり、仮に一段の民主化が進展したとしても、それが経済的成果に結び付く可能性が高いとは言えないのである。

幸い、今のところ、NLD政権は軍部との協調を重視しているようであり、一層の民主化よりも政治の安定を優先しているように見える。ただしアウン・サン・スー・チー氏は、軍部の強い影響力を認める現行憲法の改正を引き続き志向しているとみられ、同国の政治の安定が継続するかは、今後も注視が必要である。

第2節
アジアの中のミャンマー

　民政移管を契機に、ミャンマー経済は着実にグローバル経済に取り込まれつつある。持続的な経済成長の条件が整いつつあるとみられるが、ミャンマー経済の「開放」は非常にいいタイミングで実現したといえるだろう。同国がアジアの「成長の連鎖」に加わる可能性が高いからである。

　アジア諸国では人口動態の成熟度と所得水準との間に比較的高い相関が観察される。図表6-6が示すように、年齢中央値が高いゾーンには所得水準の高い国が多く存在し、その逆は逆である。これは人口動態が成熟化する過程、端的には人口ボーナスを高度成長に結び付けることに、多くの国が成功してきたことを意味する。人口ボーナスを享受する時期には、若くて豊富な労働力が経済の供給能力の拡張に寄与する一方、そうした労働力の所得水準の上昇とそれに伴う消費の拡大が経済の需要サイドを支えていく。こうしたダイナミズムが高度成長をもたらすのである。

　さらに、アジアの大きな特徴は、人口成熟度のばらつきが大きいことである。年齢中央値が40歳代後半の日本から、20歳代前半のラオスまで、アジアにはさまざまな年齢構成を持つ国が存在する。このことが、地域としてのアジアの、他地域を圧する高い成長パフォーマンスの維持に貢献してきたと考えられる。例えば、最高齢国日本もかつては「新興国」として生産年齢人口比率（15歳から64歳までの人口の総人口に対する比率、同比率の上昇は人口ボーナスの享受とほぼ同義）の上昇を伴いながら高度成長を達成した。高度成長は賃金、所得水準を引き上げ、産業構造の転換を迫る。そして、人口ボーナスもいずれピークアウトし、高度成長が終焉を迎える。その際、日本よりも人口構成が若い国、例えば韓国が人口ボーナス享受の時期を迎え、高度成長がバトンタッチされる。それが更にはタイや中国に受け継がれる。人口構成が多様であることが、こうした成長の連鎖を可能としてきたのである。

　そして、ミャンマーにとっての「開放」の経済的意義の一つは、これをもって同国がこうしたアジアの成長連鎖に組み込まれることを可能とした点に

図表6-6 アジア諸国の生産年齢人口比率と年齢中央値

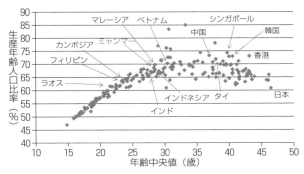

(出所) The United Nations, World Population Prospects より大和総研作成

ある。仮に軍事政権が継続し、鎖国に近い状態が続いていれば、北朝鮮がそうであったように、ミャンマーは人口ボーナスを高度成長に結び付けるという最良の機会を逸した可能性が高い。

更に、ミャンマーにとっての幸運だったのは、中国の人口動態が成熟し、連れて賃金水準の上昇も進んだために、労働集約的製造業の競争力が減退に向かっていることである。それは近年、中国の経済成長率が鈍化を続けていることの一因でもあり、ミャンマーを含む周辺アジア諸国の成長抑制要因となっている側面も無論ある。しかし、一方で、中国における労働集約的製造業の競争力の減退は、これまでに中国がため込んできた膨大な製造業の集積を他国に拡散させる契機となる。それと同時に高度成長の舞台が移動するのである。ミャンマーは中国からその集積を受け継ぐ候補国の一つに他ならない。

労働集約的製造業の集積地となって高度成長を実現するには、若くて安価な労働力が豊富に存在することが必要である。アジアには、中国よりも若い国はインド、インドネシア、フィリピンなど多く存在しているが、インドを除けば人口規模的には中国に比較して明らかに小粒な国ばかりである。そして、インドはサービス業が主たる成長のけん引役になるなど、これまでのところ東アジア・東南アジアとは異なる成長パターンを示している。物的インフラのスムーズな整備を妨げる土地収用にかかわる問題や、規模の経済を否

第6章 ミャンマーの経済と資本市場の発展 153

図表6－7　アジア主要都市の賃金
　　　　　（一般工職）

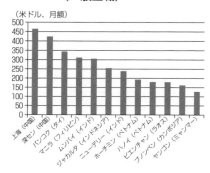

（注）2015年10～11月調査
（出所）ジェトロより大和総研作成

図表6－8　賃金上昇率

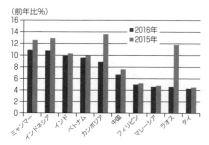

（出所）ジェトロ「アジア・オセアニア進出日系企業実態調査」より大和総研作成

定する労働関連法などが、賃金以外の費用を引き上げ、高い競争力を持つ製造業の立地を困難にしている可能性がある。

　仮にインドがポスト・チャイナとしての地位を得ることなく、中国からの産業集積の拡散を他のアジア諸国が受け継ぐとすれば、そこでは相当に強い賃金上昇圧力が生じる可能性がある。特にミャンマーを含むメコンデルタ地域の後発国（カンボジア、ラオス、ミャンマー）は、地域の中心国であるタイから労働集約的工程の移管が進みつつあることもあり、先行国とのコスト収斂の力が強く働きやすい。これはすなわち、こうした諸国の高成長の蓋然性が高まっていること意味するわけだが、賃金の速い上昇を伴う、いわば「圧縮された」（長続きしない）高成長となる可能性がある。

　ジェトロの日系企業を対象とした調査によれば、既にミャンマーの賃金水準のキャッチアップは始まっている。

第3節
資本市場の発展

　長期にわたる軍事政権からの解放が、ミャンマー経済の姿を急速に変えているのと同じように、民政移管後の金融・資本市場の変化・発展ペースも非

常に速い。

　2013年8月に中央銀行法が改定され、ミャンマー中央銀行は財政歳入省から法的な独立を果たした。金融政策を行う場である短期金融市場の整備など、課題は山積みであるが、通貨制度への信認獲得に向けた重要な一歩である。また、2014年10月に邦銀3行を含む外国銀行9行に銀行免許が与えられた。金融開放という側面では先行国であるカンボジアやラオスの事例は、ミャンマーにおける今後の外国銀行のプレゼンスの顕著な拡大を示唆する。実体経済面においても、直接投資などを通じた外国企業が同国の成長に大きな役割を果たすであろうことを考えれば、総資産に占めるシェアなどにおいて、銀行の勢力図が大きく変化することが予想される。

　一方、資本市場にけるトピックスは、ヤンゴン証券取引所（Yangon Stock Exchange、以下YSX）が2015年12月に開業し、2016年3月25日にFirst Myanmar Investmentが上場したことによって取引が開始されたことである。ASEAN後発国の中でも2011年1月にラオス、2012年4月にはカンボジアで証券取引所が開業し、ミャンマーがこれら周辺諸国にキャッチアップするには、民政移管という契機が必要であったが、同国における資本市場の発展に向けた取り組みの歴史は比較的長い。既に1990年代には、証券取引所設立の計画が持ち上がり、ミャンマー政府は日本に証券市場育成の協力を依頼し、これに呼応した大和証券グループの大和総研と覚書を交わして証券市場育成に向けた両国の協力関係が始まった。

　1996年6月には株式の店頭取引の場としてミャンマー証券取引センター（Myanmar Securities Exchange Centre、以下MSEC）が設立された。MSECはミャンマー経済銀行（Myanma Economic Bank、以下MEB）と大和総研の対等出資による合弁企業として設立され、外資金融機関の現地法人としては長らくミャンマー唯一の存在であった。1997年にMSECの株式銘柄第一号として木材大手のForest Products Joint Venture（FPJVC）の取引が始まった。

　当時、ミャンマーはMSECを証券取引所の前身として位置づけており、株式売買が活発化した段階で公式な証券取引所に発展させる考えであったとされる。しかしながら、1997年にアジア通貨危機が発生すると、周辺アジア

諸国の状況を見たミャンマー政府は証券市場に対して警戒心を持つようになった。MSECでの取引開始が検討された企業は複数あったが、認可されることなく、2銘柄目のMyanmar Citizens Bankの取引が開始されたのはFPJVCから10年後の2007年のことであった。

ミャンマーの証券取引所設立の機運が再び盛り上がったのは、資本市場開発ロードマップが作成された2008年頃のことで、この際に2015年の証券取引所開設が目標に掲げられた。

図表6－9　証券市場の発展経緯

1993	大和総研が証券市場育成支援のMOUをミャンマー政府と締結
	ミャンマー国債発行開始
1995	証券取引法草案作成を大和総研が支援
1996	ミャンマー経済銀行（MEB）と大和総研が対等出資でミャンマー証券取引センター（MSEC）設立
1997	MSECが木材会社Myanmar Forest Products Joint Ventureの株式店頭売買を開始
2007	MSECが銀行Myanmar Citizens Bankの株式店頭売買を開始
2008	ミャンマー政府が資本市場開発委員会を設立
	ミャンマー政府が資本市場開発ロードマップを作成、2015年の証券取引所開業が目標に掲げられる
2012.5	ミャンマー中央銀行（CBM）と東京証券取引所グループ（現日本取引所グループ）、大和総研が取引所設立支援のMOUを締結
2012.8	CBMと財務省財務総合政策研究所が証券取引法令整備支援のMOUを締結
2013.7	新ミャンマー中央銀行法成立（CBMが財務省から独立）
	ミャンマー証券取引法成立
2014.1	ミャンマー財務省と金融庁が包括的な金融技術支援でMOUを締結、官民合同プロジェクト立ち上げ
2014.8	証券取引委員会（SECM）が活動を開始
2014.12	ヤンゴン証券取引所（YSX）合弁契約調印

2015.1	ミャンマー財務省と財務省財務総合政策研究所が証券取引法令整備支援の MOU 締結
2015.8	YSX の上場基準公表
2015.10	証券会社の仮免許発行
2015.12	YSX 開業
2016.3	YSX に First Myanmar Investment が上場

(出所) 大和総研作成

第4節
ヤンゴン証券取引所プロジェクト

　ミャンマー政府が証券取引所設立の必要性を再認識したのは、2015年末のASEAN 経済共同体発足を見据えた上でのことである。2010年以降、ミャンマーと日本の間で証券取引所設立に向けた協議が再開され、2012年5月にはミャンマー中央銀行（Central Bank of Myanmar、以下 CBM）と東京証券取引所グループ（現日本取引所グループ）、大和総研の3者間で資本市場開発に関する覚書が交わされた。これにより、ヤンゴン証券取引所プロジェクトが本格始動した。

　同年8月に CBM は、日本の財務省財務総合政策研究所とも証券取引法整備支援に関する覚書を交わし、2013年7月の証券取引法（Securities and Exchange Law）の公布にこぎつけた。2014年1月にはミャンマー財務省と日本の金融庁が証券市場も含む包括的な金融技術支援で覚書を締結し、証券取引法細則の策定支援や、ミャンマー証券取引員会（Securities Exchange Commission Myanmar、以下 SECM）の運営支援も行っている。SECM は資本市場の規制・監督機関として2014年後半から活動を開始している。また、2015年1月には、財務総合政策研究所も CBM に代わってミャンマー財務省と証券取引法整備支援に関する覚書を締結している。

　YSX は株式会社として設立され、先行して設立されたラオス・カンボジアと同様、現地政府機関と海外資本による合弁企業である。株式の51％を

MEBが、49％を大和総研と日本取引所グループが保有する。売買・清算・決済のすべての機能を持つ取引所であり、無券面で取引される。値付けは当初はザラ場ではなく、板寄せ方式で行われる。上場や売買に係るルールの策定は日本取引所グループが支援し、取引所のITシステムは大和総研が構築を担当している。YSXの建物は2013年までミャワディ銀行（Myawaddy Bank）が入居しており、それ以前はミャンマー中央銀行が使用していた建物である。

既述のように、YSXは2015年12月に開業した後、2016年3月25日にFirst Myanmar Investmentが上場したことによって取引が開始された。営業中の証券会社は現在5社である。

図表6－10　YSXとベトナム・ラオス・カンボジアの証券市場比較（2015年11月時点）

	ベトナム（ホーチミン）	ラオス	カンボジア	ミャンマー
取引所名	Ho Chi Minh Stock Exchange（HOSE）	Lao Securities Exchange（LSX）	Cambodia Securities Exchange（CSX）	Yangon Stock Exchange（YSX）
取引開始	2000年7月	2011年1月	2012年4月	2016年3月
取引所の組織形態	国有企業	株式会社	株式会社	株式会社
取引所の株主構成	ベトナム財務省100％	ラオス中銀51％韓国取引所49％	カンボジア財経省55％韓国取引所45％	MEB 51％大和総研・日本取引所グループ49％
上場企業数	309	5	4	3
上場商品	株式・債券・ETF	株式	株式	株式
証券会社数	81	2	11	10
清算・決済	ベトナム証券保管振替	LSX	CSX	YSX

外国人投資	上限49% （業種によって は30%）	可	可	不可
監督機関	State Securities Commission	Securities and Exchange Commission Office	Securities and Exchange Commission of Cambodia	Securities Exchange Commission Myanmar
証券法制	Securities and Securities Market Law	Decree on Securities and Securities Market	Law on the Issuance and Trading of Non-government Securities	Securities and Exchange Law

（出所）大和総研作成

第5節 証券市場のプレーヤー

　YSXの上場基準は他国の証券市場と同様、形式基準と実質基準で構成されており、形式基準ではパブリックカンパニーであること、上場申請時で直近2期の黒字を計上していること、払込済み資本5億チャット以上、株主数100人以上が必要である。実質基準では、経営陣が有罪判決や訴訟を起こされた経験がないこと、公的・政府機関のブラックリストに経営陣がのっていないことなどが求められている。

　これまでに6社のパブリックカンパニーが上場予定とミャンマー政府から発表されており、2016年3月に前述のFMI、5月にMyanmar Thilawa SEZ Holdings、8月にはMyanmar Citizens BankがYSXに上場した。

　YSXは当面、個人投資家中心の市場である。国内機関投資家は事実上存在していない。また、外国投資家の市場参加も当初は認められない見通しとなっている。ミャンマーには外国人による株式取得を制限する法規制はないが、定款で外国人・外国企業の株式保有を禁じているミャンマー企業が多く、実質的に外国人・外国企業はミャンマーで株式投資を行うことができな

い。これは、会社法でミャンマー企業の株式を1株でも外国人・外国企業が保有した場合、ミャンマーの現在の法制上、当該企業は外資企業とみなされることが関係している。外資企業は公共料金が割高となる上に、外国人または外資企業は不動産を保有できないため、外国人・外国企業の株式保有を敬遠するミャンマー企業が多い。

ただし、2016年末頃に会社法の改正と投資法の成立が見込まれており、出資比率35%未満は外国企業とみなされなくなると見られている。新会社法と投資法が施行されれば、あとはYSXでの外国人持ち株比率に関するルール作りを経て、外国人投資家の参入が可能となる見込みである。もっとも、経常収支の赤字が拡大傾向にあり、外貨準備の蓄積が進まない中、ミャンマー政府は資本移動規制の緩和が資本流出のきっかけになる事態を懸念している可能性が高く、外国人投資家の本格的参入についても慎重に進めるものと予想される。

2015年10月に証券会社の仮免許が10社に対して発行された。10社はMEBと大和証券グループの合弁企業MSECのほか、国内金融機関や有力企業グループが設立した証券会社であり、このうちの一部は外資との合弁企業と見られている。資本金の払い込みやITシステムの接続テストを経て本免許が発行される運びとなる。

図表6－11　YSXの上場基準

形式基準	パブリックカンパニーであること
	株主数が100人以上であること
	払込済み資本金が5億チャット以上であること
	上場申請時に直近2期が黒字であること
実質基準	安定的な事業収入があり、既存の法律を遵守していること
	経営陣が高潔な人格で、有罪判決を受けたことがなく、訴訟を起こされたこともないこと。義務・責務を順法かつ適切に果たしていること。
	経営陣が自社と個人の利益のために他人を欺くような行為を行わないこと。
	株主総会で承認されないかぎり、自社と同様の分野の事業を役員が行っていないこと。

経営陣が公的・政府組織のブラックリストに載っていないこと。
ミャンマー会計基準・ミャンマー監査基準に沿った形で財務諸表の作成と監査を行っていること。
既存のミャンマー税法を順守して適切に納税していること。
重要情報は公開かつ SECM と YSX に提出し、また情報公開はわかりやすく、適切な方法かつ即座に行うこと。重要情報とは損失の発生見込みや事業に関する基礎情報など投資判断に影響を及ぼし得る情報のことを指す。
内部管理者を配置し、法規制を順守する体制ができていること。
リスク要因も含む事業計画が作成されていること。
インサイダー取引を防ぐ体制が構築されていること。
適切なコーポレートガバナンスと内部統制・管理が継続的に行われていること。
安定的な収入があり、十分に利益を上げると合理的に判断し得ること。

(出所) ミャンマー証券取引委員会(SECM)

第6節

ミャンマーの国債市場

　ミャンマーでは1993年から国債が発行されている。3ヵ月物の政府短期証券(treasury bills)と2、3、5年物の国債(treasury bonds)である。このうち政府短期証券は4％の利率で発行され、例外的なケースを除いてミャンマー中央銀行(CBM)が全量を購入してきた。2015年1月から2週間に1度の政府短期証券の入札が導入され、民間商業銀行が競争入札で、国有銀行が非競争入札で購入するようになっている。入札に際しては、発行元の財務省が予算的な制約から8％強を利率の上限としている様子がうかがわれ、この結果ほぼ毎回札割れの状態となっている。なお、入札に参加しているのは民間銀行数行と国有銀行2行のみと見られている。

　国債については、2016年1月に日本の支援で中銀システム CBM-Net の稼働が開始し、これに伴って大半(銀行保有分：全体の約95％)が電子化され

た。また、発行方法は従来随時発行方式であり、購入希望があるたびに発行する形式となっていたものが、既発行の国債を整理統合したうえで、2016年9月20日に第1回入札が実施された。今後、国債の入札は月に1度のペースで定期的に実施されることになる。入札参加資格は2016年10月末時点で銀行のみである。銀行以外の金融機関や事業法人、個人投資家が国債を購入するルールはまだできていない。

　また、外国人の購入を制限する法律は存在していないが、現在のところ外国人は事実上購入することができない。既発債の売買は可能だが、流通市場はほとんど形成されておらず、償還まで保有することが大半である。2013年以降、保険会社が国債購入を開始したが、いまのところ商業銀行の国債保有シェアが約95％と圧倒的である。なお、発行残高は2015年12月時点で2.8兆チャット（約2,600億円）である。

図表6-12　ミャンマーの国債残高（10億チャット）

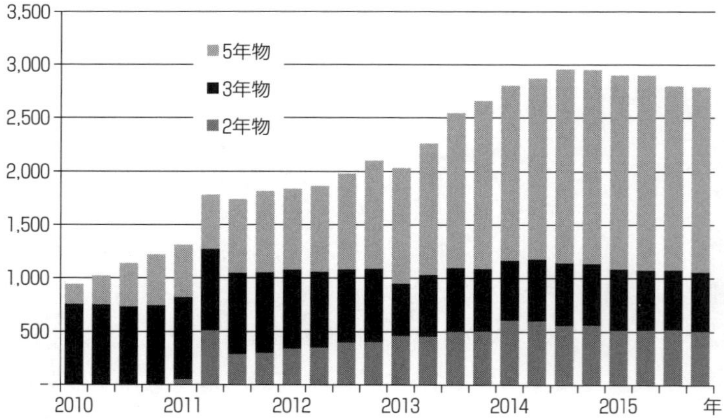

（出所）ミャンマー中央銀行より大和総研作成

第7章

スリランカ経済と資本市場

第1節 スリランカの概要

I 歴史と概要

　スリランカ（正式名称：スリランカ民主社会主義共和国）は南アジアの先端に位置する広さ65,607平方キロメートル（北海道の約0.8倍）、人口2,097万人（2015年時点）の共和制国家である。1972年以前はセイロンと呼ばれ、英国の植民地時代より紅茶の栽培等で広く知られている。欧州植民地の時代（16世紀ポルトガル、17世紀オランダ、18～19世紀イギリス）を経て1948年にイギリス連邦自治領セイロンとして独立。1972年、共和制に移行し国名をスリランカ共和国に変更、その後1978年には大統領制に以降し現在のスリランカ民主社会主義共和国となった。

図表7-1　スリランカの概要

正式名称	スリランカ民主社会主義共和国
政体	共和制
元首	マイトリーパーラ・シリセーナ大統領
政府	ラニル・ウィクラマシンハ首相
主要産業	農業（紅茶、ゴム、ココナツ、米作）、繊維業
名目GDP	823億ドル（2015年）
人口	2,097万人（2015年）
国土面積	65,607km^2
最大都市	コロンボ（旧首都、1985年に遷都）
首都	スリ・ジャヤワルダナプラ・コッテ
通貨	スリランカ・ルピー（LKR）
言語	シンハラ語、タミル語、英語
宗教	仏教（70%）、ヒンドゥ（10%）、イスラム（9%）、ローマ・カトリック（11%）

多民族国家としての歴史を有するスリランカは、1983年以降、26年にわたるタミル系分離独立派（タミル・イーラム解放の虎、略称LTTE）とシンハラ系政権の対立による内戦状態が続いたことでも知られる。この内戦の背景には、1815年の旧キャンディ王朝滅亡と英国によるセイロン植民地化に遡る民族対立の歴史が存在している。

II　シンハラ人とタミル人：対立の歴史

　英国による植民地化の以前、スリランカではシンハラ人のキャンディ王国（1469年〜1815年）が君臨していた。スリランカ中央部に位置し現在は観光名所となっているキャンディ王朝の都・キャンディはスリランカ仏教の原点とも言われており、1988年には世界文化遺産にも登録されている。1815年の植民地化に際し、英国はそれまでの地理的な民族境界を無視し統一的支配とした。また、英国は少数派のタミル人を政府要職等に重用し、シンハラ人（キャンディ王国の末裔）は冷遇された。因みにタミル民族には2000年の歴史を持つセイロン系タミル人の他、18世紀にプランテーションの労働者として移住してきたインド系タミル人もいるが、民族紛争の当事者とされるのはセイロン系タミル人である。

　風向きが変化したのは1948年のセイロン独立。社会主義政党でありながら民族主義政党としての側面も持つスリランカ自由党（SLFP）創設者のソロモン・バンダラナイケがシンハラ人優遇政策を導入（バンダラナイケ国際空港は同氏に由来）し、1956年の総選挙でも当選、第4代首相に就任した。またこの頃にシンハラ語を唯一の公用語とする「シンハラ・オンリー」政策を導入し、それまで英語が媒介言語となっていた教育のシンハラ語化が強行された。ちなみに3年後の1959年、ソロモン氏が暗殺された後、妻のシリマヴォ氏が政界に転じ世界初の女性首相になっている（1960-1965、1970-1977、1994-2000）。

　シリマヴォ・バンダラナイケ政権下の1970年、タミル人冷遇の「大学入学の標準化政策」阻止を目的に武装したタミル系若者の過激派が増加。しかし政府は1972年、憲法改正によりシンハラ語のみの公用語化と仏教に特別な地

位を与える等、シンハラ優遇策は加速していった。1975年、イーラム解放のトラ（"LTTE"、タミル系テロ組織。"イーラム"はタミル語で"スリランカ"の意）がスリランカからの分離独立を主張し、その後スリランカは1983年のLTTEゲリラ武装蜂起と反タミル民族暴動をきっかけにLTTE対シンハラ人優遇政府の内戦状態に突入することとなる。

スリランカの内戦に対して国際社会は1987年にインド仲介のインド・スリ

図表7-2　スリランカの歴史

1815年	キャンディ王朝の滅亡と英国による全島植民地化。それまでの地理的な民族境界が無視され統一的支配に（タミル人重用・シンハラ人冷遇）
1948年	セイロン独立、スリランカ自由党（SLFP）創設者のソロモン・バンダラナイケがシンハラ人優遇政策を導入（バンダラナイケ国際空港は同氏に由来）
1956年	総選挙でソロモン・バンダラナイケ氏が当選、第4代首相就任
1959年	ソロモン氏暗殺、妻のシリマヴォ氏が政界に転じ世界初の女性首相に（1960-1965、1970-1977、1994-2000）
1970年	タミル人冷遇の「大学入学の標準化政策」阻止を目的に武装した若者の過激派が増加
1972年	憲法改正でシンハラ語のみの公用語化と仏教に特別な地位が与えられる
1975年	タミル・イーラム解放のトラ（"LTTE"、タミル系テロ組織）がスリランカからの分離独立を主張、政府 vs LTTEの対立構図に
1983年	LTTEゲリラ武装蜂起と反タミル民族暴動
1987年	インド仲介のインド・スリランカ和平協定
1991年	LTTEが協定締結時のインド首相ラジーヴ・ガンジー氏を暗殺
2002年	ノルウェー仲介の停戦協定
2003年	第6回和平交渉を箱根で開催、またスリランカ復興開発に関する東京会議も開催
2005年	マヒンダ・ラージャパクサ大統領就任
2008年	停戦合意の失効を受けて政府軍はLTTEの完全撲滅をめざし攻撃強化
2009年	LTTE敗北宣言、その後の政府攻撃でLTTE幹部全員が死亡

ランカ和平協定、また2002年にもノルウェー仲介の停戦協定を促進したがいずれも長続きしなかった。インド・スリランカ和平協定時には協定締結時のインド首相、ラジーヴ・ガンジー氏をLTTEが暗殺する事件が起こっている。日本も国際社会の一員としてスリランカ和平には深く関わっており、2003年には第6回和平交渉を箱根で開催、またスリランカ復興開発に関する東京会議等も開催しているがいずれも効果は限定的となった。

　長引く内戦の転機となったのは2005年。マヒンダ・ラージャパクサが大統領に就任、中国やパキスタンからの支援を梃に、LTTEに対して徹底した武力解決を図った。2008年、停戦合意の失効を受けて政府軍はLTTEの完全撲滅をめざし攻撃を強化し、2009年5月にLTTE敗北宣言、その後の政府攻撃でLTTE幹部全員が死亡しスリランカ内戦は漸く終了した。

第2節 スリランカ経済の概要

I　GDP及び輸出品目

　スリランカ経済は2015年時点で名目GDP 823億ドル、一人当たりGDPでは3,849ドルと世界全体で115番目、アジアでは12番目に位置しており、インドネシアの3,675ドルやフィリピンの2,768ドルよりも上位となっている。GDPの支出内訳は2015年時点で個人消費（68.6%）、政府支出（8.8%）、資本形成（30.1%）、輸出（20.5%）、輸入（▲28%）となっており、民間内需主導の発展段階にあることがわかる。主な輸出品目は紅茶やココナッツ等の農産物、繊維・衣料品といった軽工業品などが中心であり、工業部門の比重は小さい。

図表7-3　スリランカのGDP

名目GDP	823億ドル（2015年）
GDP支出内訳	個人消費（68.6%）、政府支出（8.8%）、資本形成（30.1%）、輸出（20.5%）、輸入（▲28%）（2015年）
1人当たりGDP	3,926ドル（2015年）
実質成長率	4.625%（2015年、四半期毎のYoY成長率の平均）
人口	総人口2,097万人、労働人口895万人、失業率4.3%（2015年）
労働人口（年齢分布）	15-19歳（2.8%）、20-24歳（8.9%）、25-29歳（10.3%）、30-39歳（24%）、40歳以上（54%）（2015年）
インフレ率	CPI　2.7%、WPI　2.4%（2016年2月実績）
資本流入	直接投資649百万ドル、証券投資709百万ドル（2015年）

図表7-4　スリランカの輸出品目（2015年データに基づき算出）

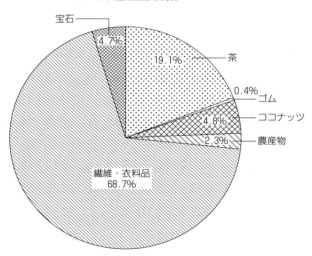

（出所）Bloombergデータに基づき作成

Ⅱ ラージャパクサ政権以降のスリランカ経済

　2005年のラージャパクサ政権以降、スリランカ経済は内戦終結を挟んで飛躍的な伸びを示している。1980年代から90年代にかけては年率6％前後で概ね推移していた一人当たりGDPだが、2005年以降2015年までの10年間では平均12.6％となっている。この飛躍の背景には同政権の親中政策が奏功したと見られ、事実「2005年には数百万ドルだった中国からの民生支援が、2008年には10億ドルに達していた（Jeff M. Smith, "China's Investments in Sri Lanka – Why Beijing's Bonds Come at a Price", Foreign Affairs Report）」と言われている。Smith氏によると、「インド政府は国内に政治的影響力をもつタミル族を抱え、微妙な立場にあった。アメリカも内戦におけるスリランカ政府の人権侵害を問題視して2007年に軍事支援を中断した」ことで、当時はその空隙を中国が埋める格好となったことが伺える。一帯一路構想を掲げる中国にとり、中東・アフリカ地域のエネルギー供給国と中国を結ぶ貿易シーレーンに位置するスリランカが戦略拠点となり得るのは言うまでもない。

図表7－5　一人当たりGDPの推移

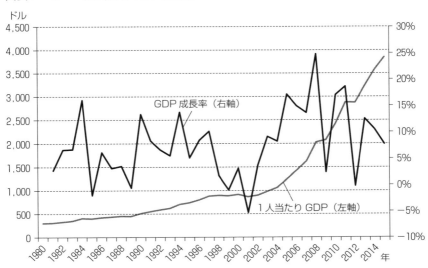

（出所）IMFデータに基づき作成

図表7－6　スリランカへの年間資本流入（百万ドル換算）

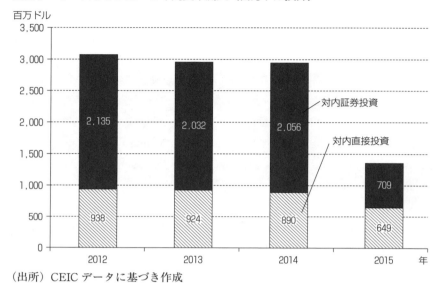

（出所）CEICデータに基づき作成

　なお、現在のマイトリーパーラ・シリセーナ大統領はラージャパクサと中国の関係を批判して2015年の大統領選挙に勝利、一旦は中国との距離をとろうと試みたものの、中国からの借り入れに依存したスリランカの各種インフラプロジェクトは今も継続している。

III　スリランカの通貨制度

　スリランカの通貨はスリランカルピー（通貨コードはLKR）であり、通貨制度としては2001年のスリランカ中央銀行（CBSL）設立以後は公式には変動相場制と謳われている。ただし、2013年10月以降は対ドルで2％の変動に抑える管理変動相場制になっており、また2014年10月以降の世界的なドル高の影響でここ数年スリランカルピーは低下傾向にある。海外からスリランカ市場への投資は可能だが、為替については原則として現物の裏付けのある取引に限定されている。NDF（Non Deliverable Forward）等のオフショア市場もあることはあるが、実際には極めて流動性が低く、市場開放性は低い

図表7-7　スリランカ・ルピーの対ドル推移（1ドル当たりLKR）

（出所）Bloomberデータに基づき作成

といえよう。

第3節

スリランカの資本市場

I　スリランカの株式市場

　スリランカの最大都市・コロンボには証券取引所があり、コロンボ全株指数がその代表的指数となっている。1985年を基準とする全上場銘柄の加重平均時価総額ベースで算出されており、2016年12月20日時点での指数時価総額は2.7兆LKR（約2.1兆円相当）。主要構成銘柄は同国最大のコングロマリットであるジョン・キール・ホールディングスや、たばこ会社のセイロン・タバコ、金融のセイロン商業銀行、食品のネスレ・ランカ等となっている。
　近年のコロンボ全株指数のパフォーマンスで特筆すべきは、2008年12月～

2011年2月にかけての大幅上昇。外的要因としてはリーマンショック後の中国による大型財政出動、また国内要因としては2009年の内戦終結とその後の復興が重なったことで、2年ちょっとの間に実に400%強もの急騰劇を演じている。なお、過去10年間のパフォーマンスを他の新興国市場とドルベースで比較すると、新興国株式全体ではほぼ横ばいの結果となっている中、インドは新興国を上回り、スリランカは更にそのインドを上回っていることが分

図表7－8　コロンボ全株指数構成銘柄上位20（2016/12/20時点）

名称	ウエート (%)	時価総額（百万 LKR）	産業
ジョン・キール・ホールディングス	8.3	203,958	コングロマリット
セイロン・タバコ	6.4	159,225	タバコ
セイロン商業銀行	4.8	119,685	銀行
ネスレ・ランカ	4.5	110,137	食品
ダイアログ・アクシアタ	3.5	85,510	無線通信サービス
ハットン・ナショナル銀行	3.0	74,214	銀行
Ceylon Cold Stores PLC	2.9	72,763	飲料
ディスティラリーズ・カンパニー・オブ・スリランカ	2.9	71,130	飲料
Sri Lanka Telecom PLC	2.5	61,004	各種電気通信サービス
ヘマス・ホールディングス	2.3	57,214	コングロマリット
サンパス銀行	1.9	46,033	銀行
Cargills Ceylon PLC	1.7	41,642	食品・生活必需品小売
ライオン・ブルワリー・セイロン	1.6	39,432	飲料
シェブロン・ルブリカンツ・ランカ	1.6	38,424	化学
Lanka Orix Leasing Co PLC	1.5	36,115	消費者金融
Carson Cumberbatch PLC	1.4	34,957	食品
DFCC Bank PLC	1.3	32,077	銀行
アシリ・ホスピタル・ホールディングス	1.2	30,827	ヘルスケア
ティージェイ・ランカ	1.2	29,970	繊維・アパレル・贅沢品
ピープルズ・リーシング・アンド・ファイナンス	1.1	28,280	消費者金融

（出所）Bloombergデータに基づき作成

図表7-9　コロンボ全株指数：過去10年のパフォーマンス（現地通貨ベース）

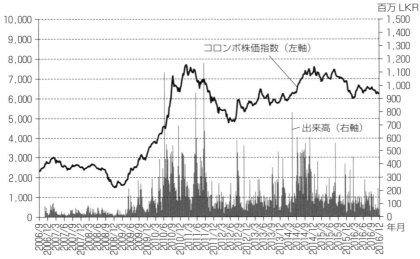

（出所）Bloombergデータに基づき作成

図表7-10　他の新興国との比較（ドル換算、標準化ベース）

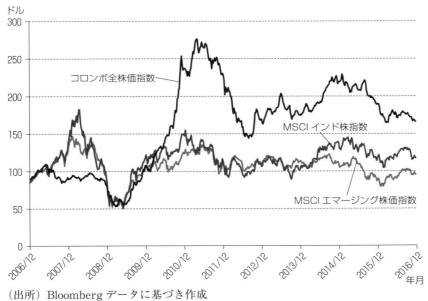

（出所）Bloombergデータに基づき作成

かる。

II　スリランカの主要上場会社①　ジョン・キール・ホールディングス

　2016年12月20日現在、スリランカ市場で最大の時価総額を持つ企業がジョン・キール・ホールディングスである。同国を代表するコングロマリットであり、起源は1870年代前半に設立されたイギリス系紅茶商社、E. John & Co. まで遡る。1972年のスリランカ共和国誕生後、観光や旅行需要の伸びに伴い観光・トラベルビジネスを強化して以降、現在ではホテル・レジャー、運輸、不動産開発、食品・飲料、紅茶・ゴムプランテーション、コンピュータサービス等幅広く手掛けている。今後は国内に加えモルディブでも積極展開しているホテルを中心とした観光産業と、北米・アジア圏でのITサービス・BPO（ビジネス・プロセス・アウトソーシング）が成長を牽引すると期待される。

図表7-11　ジョン・キール・ホールディングスの株価推移（10年）

（出所）Bloombergデータに基づき作成

III　スリランカの主要上場会社②　セイロン・タバコ

　2016年12月20日現在、スリランカ市場でジョン・キール・ホールディングスに次ぐ時価総額を持つのはセイロン・タバコである。ブリティッシュアメリカン・タバコグループの一員であり、スリランカで唯一公認されたタバコ会社。100年以上の歴史を有し、政府歳入への最大の貢献者でもある同社（2015年実績では910億ルピー、政府歳入の7％超に相当）は正社員数こそ264名と少数も、バリューチェーン全体では46,000人超の雇用を創出する重要企業である。

図表7－12　セイロン・タバコの株価推移（10年）

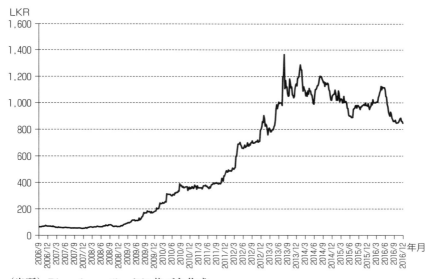

（出所）Bloombergデータに基づき作成

IV　スリランカの債券市場

　スリランカ政府は現地通貨建ての国内債券市場と、ドル建て債が流通する国際資本市場の両方で国債を発行している。国内市場においては、2016年12

図表7-13 現地通貨建て国債の発行状況

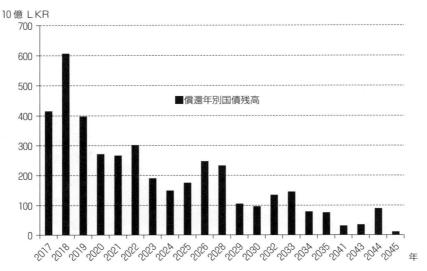

	債務合計（百万LKR）	発行銘柄総数	加重平均固定金利(%)	加重平均償還日	加重平均残存年数
2016/12/20現在	4,044,433	60	9.45	01/24/2024	7.09
Q4 2009	1,107,384	38	10.6	12/31/2011	2

（出所）Bloombergデータに基づき作成

月20日現在の時点で60銘柄、計4兆ルピー（約3.2兆円相当）の債券が流通している。内戦終結後の2009年末時点の流通残高は1.1兆ルピーだったため、その後およそ4倍に成長した計算になる。また、当時は平均残存年数で2年程度だったのに対し、現在は7年強の残存年数に長期化している。

V 国際資本市場へのアクセス

スリランカ政府は2007年以降、定期的に国際資本市場にて国債発行を行っている。2016年12月20日現在までに既に償還された分を含めるとこれまでに23本起債されており、総発行額は184.9億ドルに上る。格付けはムーディー

図表 7 －14　スリランカのドル建て国債発行実績

名称	クーポン(%)	発行日	償還日	発行額(百万 USD)
Sri Lanka Government International Bond	8.25	2007/10/24	2012/10/24	500
Sri Lanka Government International Bond	8.25	2007/10/24	2012/10/24	500
Sri Lanka Development Bonds	4.9652	2009/08/18	2011/08/18	190
Sri Lanka Government International Bond	7.4	2009/10/22	2015/01/22	500
Sri Lanka Government International Bond	7.4	2009/10/22	2015/01/22	500
Sri Lanka Government International Bond	6.25	2010/10/04	2020/10/04	1,000
Sri Lanka Government International Bond	6.25	2010/10/04	2020/10/04	1,000
Sri Lanka Government International Bond	6.25	2011/07/27	2021/07/27	1,000
Sri Lanka Government International Bond	6.25	2011/07/27	2021/07/27	1,000
Sri Lanka Government International Bond	5.875	2012/07/25	2022/07/25	1,000
Sri Lanka Government International Bond	5.875	2012/07/25	2022/07/25	1,000
Sri Lanka Government International Bond	6	2014/01/14	2019/01/14	1,000
Sri Lanka Government International Bond	6	2014/01/14	2019/01/14	1,000
Sri Lanka Government International Bond	5.125	2014/04/11	2019/04/11	500
Sri Lanka Government International Bond	5.125	2014/04/11	2019/04/11	500
Sri Lanka Government International Bond	6.125	2015/06/03	2025/06/03	650
Sri Lanka Government International Bond	6.125	2015/06/03	2025/06/03	650
Sri Lanka Government International Bond	6.85	2015/11/03	2025/11/03	1,500
Sri Lanka Government International Bond	6.85	2015/11/03	2025/11/03	1,500
Sri Lanka Government International Bond	6.825	2016/07/18	2026/07/18	1,000
Sri Lanka Government International Bond	5.75	2016/07/18	2022/01/18	500
Sri Lanka Government International Bond	6.825	2016/07/18	2026/07/18	1,000
Sri Lanka Government International Bond	5.75	2016/07/18	2022/01/18	500

（出所）Bloomberg データに基づき作成

図表 7-15　ドル建てスリランカ国債指標銘柄（10年債）の市場利回り推移

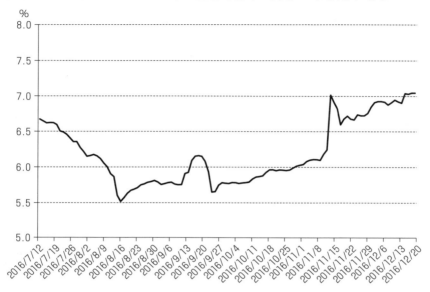

（出所）Bloomberg データに基づき作成

ズ、S&P 共に投資不適格の B1 / B+ となっており、10年債の利回りも本稿執筆時点で7.045％と相応に高い水準となっているが、内戦終結後の経済復興や今後の成長期待等も相まってアジアネームの債券市場では相応の存在感を示すプレーヤーとなっている。

第4節
スリランカ経済：今後の成長期待分野

　今後の成長期待分野については、人口動態面は競争力が高いとは言えず国土面積も小さいことから、土地当り生産性に限界のある製造や物流等に活路を見出すというよりは、観光やBPO（ビジネス・プロセス・アウトソーシング）等のサービス業に注目したい。
　"2001年宇宙の旅"で知られるアーサー・C・クラークは長くスリランカに暮らしたが、「セイロン島はひとつの小宇宙だ。そこには、この十二倍もの

面積を持つどこかの国に匹敵するくらい色々な文化や、風景や、気候の変化がある。」という言葉を残している。先述の古都・キャンディが宗教都市として知られるほか、シンハラジャ森林保護区（1988年登録）や中央高地（2010年登録）等の自然遺産も多く観光資源は豊富と言えよう。またBPOについては先行するインドやフィリピン等に比べ競争力をアピールできるかがポイントとなるが、ビジネスも観光も英語だけで用が足りると言われるスリランカはアジア有数の英語力を有している点で有利となる可能性もある。「英語家庭に育った者か、そうでない環境の家庭出身者なのかで英語力には差が出る（庄野護、『スリランカ学の冒険・新版』）」との指摘も聞かれるが、少なくとも主要な社会組織では英語が共通語として浸透しているのは強みとなろう。因みに日本では「ウィッキーさんのワンポイント英会話」で知られるアントン・ウィッキー氏もスリランカ出身である。アジアで英語力の高い小国と言えばシンガポールが思い浮かぶが、ASEANへのプロキシーとして機能しているシンガポールに対し、スリランカは地理的に南アジア地域のプロキシーやリージョナルハブとしての潜在力があると思われる。長らく続いた民族対立や戦後復興等、課題は多いと思われるが、今後世界経済における南アジア地域の重要度が増す中で、域内の成長をうまく取り込み、持続的な経済発展へと繋げられるかが注目される。

＜参考文献＞
・Jeff M. Smith, "China's Investments in Sri Lanka – Why Beijing's Bonds Come at a Price", Foreign Affairs Report
・庄野護「スリランカ学の冒険・新版」、南船北馬舎

第8章

バングラデシュの現状と証券投資

第1節
バングラデシュ人民共和国の現状

Ⅰ　バングラデシュの概要

1．面積ほか
面積：147,570k㎡（日本の約4割）
人口：1億5,940万人（2015年10月）、年平均人口増加率1.4％（2011年）
民族：ベンガル人、仏教徒系少数民族
言語：ベンガル語（国語）、成人（15歳以上）識字率59.1％
宗教：イスラム教（国教）徒89.7％、ヒンズー教徒9.2％、仏教徒0.7％、キリスト教徒0.3％
元首：アブドル・ハミド大統領（大統領は象徴的存在で、政治的な実権は無い）

2．歴史
　1947年に英領インドが独立を達成したときに、宗教上ヒンドゥー地域はインド、イスラム教地域はインドを挟んで東西に分かれたパキスタンとして分離独立となり、宗教に基づき東パキスタンへの帰属を選択した。その後ベンガル語の東側とウルドゥー語を公用語とし政治の中心となった西側とが対立するなかで、ベンガル人としてのアイデンティティーを訴えた独立戦争を経て1971年にバングラデシュとしてパキスタンから独立することになった。
　独立後は軍事政権（1975－1990）が続いたが、エルシャド大統領（退役陸軍中将）が政党及び国民の退陣要求に応じたことで穏健に民主化に移行し、議院内閣制へと体制変更した。5年ごとに総選挙を実施しているが、総選挙の度に政権が交代している。
　現ハシナ政権は、独立50周年にあたる2021年までに中所得国になることを目標とする「ビジョン2021」政策を掲げている。

3．ビジョン2021

ハシナ氏が率いるアワミ連盟は2008年選挙時に独立50周年にあたる2021年までに中所得国になることを目標とする政策ビジョン2021を示した。

民主主義と効率的で分権的な議会運営、汚職防止等を掲げ、イスラム教を主たる宗教としつつ宗教に寛容な世俗主義などを標榜し、経済開発に取り組んでいる。また教育、健康、貧困撲滅を目指し、広範にコンピューターを導入しIT化を目指す「デジタルバングラデシュ」に取り組んでいる。

4．GDPほか

GDP：1,738億ドル、前年比6.6％成長（2015年度）、一人当たりGDP 1,235ドル

GDP内訳：サービス業（56.4％）、工業・建設業（28.0％）、農林水産業（15.6％）

労働人口市場：5,370万人　農業（48.1％）、サービス業（37.4％）、鉱工業（14.6％）

主要産業：衣料品・縫製品産業、農業

5．貿易動向（2015年度、バングラデシュ中央銀行）

① 総貿易額

輸出　308億ドル　輸入　407億ドル

② 主要貿易品目

輸出：ニットウェア（46.8％）、既製品（ニットを除く）（36.2％）、革製品（3.7％）、ジュート製品（2.8％）、冷凍魚介類（2.1％）、ホーム・テキスタイル（1.9％）石油製品（0.2％）

輸入：綿花・綿製品（14.4％）、鉱物・石油製品（11.8％）、機械設備（9.3％）、鉄鋼製品（5.7％）、機械機器（5.2％）、穀物類（4.5％）、食用油（4.3％）

③ 主要貿易相手国

輸出：米国、ドイツ、英国、フランス、スペイン、イタリア、カナダ、ベルギー、オランダ、中国、日本

　　　　輸入：中国、インド、シンガポール、日本、インドネシア、マレーシ
　　　　　　ア、韓国

図表8－1　実質GDP及び成長率の推移

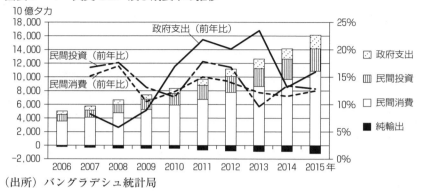

（出所）バングラデシュ統計局

Ⅱ　バングラデシュの経済情勢等

　2015年度（2014年7月－2015年6月）のバングラデシュ経済は6.55％の経済成長率となった。主要輸出品目である縫製品の輸出伸長や海外労働者送金の安定がみられ、比較的バランスの取れた産業構造、農業セクターの安定した成長状況が指摘できる。

　一方で、その他の産業についてはいまだ構造的に脆弱であるため、今後の持続的発展に向けて、産業の多角化が課題となっている。また、海外からの投資促進にむけて電力・道路等基礎的インフラ施設の整備も課題であり、エネルギーの脆弱性や政治的安定性に欠ける点がカントリーリスクとして指摘される。

　なお財政状況としては2013年度の財政赤字の対GDP比は4.4％、2014年度5.0％、2015年度5.0％、と赤字の状況が続いている。外国援助と国内銀行借入等で補填する構造となっているが、政府の徴税能力及び歳入基盤の脆弱性、また非効率な国有企業に対する財政による赤字補填が財政悪化の原因となっている。

　予算は主に一般予算と開発予算とで構成されている。2016年度（2015年7

月－2016年6月）予算案ではそれぞれ16,457億タカ、9,700億タカとなり、全体として2兆844億タカの対前年補正比27.6％増の拡張型予算となっている。2016年度予算案では全体の23.4％が社会開発、30.6％がインフラ構築事業に当てられ、社会開発分野においては、主に人間開発（20.4％）に、また、インフラ構築分野においては、農業・農村開発（13.9％）、運輸（8.9％）、電力・エネルギー（6.3％）に優先的に配分されている。開発予算の特徴はビジョン2021に沿ったものとなっている。

　足元の経済は旺盛な内需と堅調な輸出に支えられて堅調に推移している。2016年初にはコモディティ価格の低下を受け、中央銀行は民間投資を刺激するために3年ぶりに政策金利を50bp引き下げ、6.75％とした。また、バングラデシュ経済特区庁は民間投資拡大に向け10ヶ所の経済特区を発足させている。

　今後も高成長が持続するものと見込まれているが電力等インフラ整備が不可欠な状況である。電化率は55％と低く、電力需要の7－8割しか足りていない。発電燃料の約8割を占める天然ガスの開発も進んでいないため、不足分を輸入の液化天然ガスや石炭で補うことが急務である。政府は2018年までに発電容量を増強する目標を定めている。なお、燃料価格の動向は物価動向にも影響するが、国内物価動向は政府部門中心に見られる賃上げによるインフレ圧力とこの燃料価格動向とがカギとなっている。

Ⅲ　他国との協力関係等

1．他諸国との協力関係

　① 　南アジア地域協力連合（SAARC）

　南アジアにおける比較的緩やかな地域協力の枠組み。SAARCでは，南アジア諸国民の福祉の増進，経済社会開発及び文化面での協力，協調等の促進等を目的としています。加盟国は，南西アジアの8か国（インド，パキスタン，バングラデシュ，スリランカ，ネパール，ブータン，モルディブ，アフガニスタン）。

　② 　非同盟グループ（NAM）

東西冷戦期以降に東側西側のいずれの陣営にも公式には加盟していない諸国による国際組織であり反帝国主義・反植民地主義の性格。

③　イスラム諸国会議機構

イスラム諸国の政治的協力と連帯のための機構。イスラム諸国の関係する政治問題について連帯し相互に支援し合う。

④　英連邦

民族の共通の利益の中で、また国際的な理解と世界平和の促進の中で協議し、協力する自発的な独立の主権国の組織である（コモンウェルス原則の宣言前文）と再定義されるゆるやかな独立主権国家の連合。

２．外交

国連、非同盟グループ（NAM）、イスラム諸国会議機構（OIC）等を通じ、穏健且つ民主的なイスラム国家として、またLDC（Least developed country）のスポークスマン的立場を自任し、活発な外交を展開しており、国連平和維持活動（PKO）にも積極的に貢献（PKO要員派遣実績は世界第1位（2015年9月現在））。また、SAARC（南アジア地域協力連合）の設立は1980年にジアウル・ラーマン大統領が提唱、また南アジア地域で最初にCTBT（包括的核実験禁止条約）を批准（2000年3月）するなど、地域協力の強化及び地域の安定化に努めている。

また、サイクロン、洪水等の災害も多く、気候変動の影響を最も受けやすい国の一つと考えられており、気候変動問題に積極的に取り組んでいる。ハシナ首相は平成22年1月の気候変動枠組条約第15回締約国会議（COP15）に出席し、温室効果ガス削減のため法的枠組みの作成が必要との認識で、コペンハーゲン合意への支持を表明した他、途上国が気候変動対応に必要となる歳出を補填するために、先進諸国・国際社会からの補償基金設立を求めている。

３．他国との経済関係

他国との経済関係としては、近年貿易量の増加やインフラ支援の拡大において中国との関係が緊密化している。中国からの輸出額は7年で4・5倍に

増えた。インフラ整備の面でもバングラデシュ最大の港湾都市チッタゴンから首都ダッカに通じる幹線道路の拡幅工事は中国の支援の下、全長190キロの工事区間のうち70パーセントを中国企業が請け負っている。その他、発電所の建設や橋の整備等官民あげてバングラデシュへの関与を強めている。

バングラデシュは多くの難民を受け入れ、また送り出す国である。東パキスタンとして独立した時には両国内の非主流派の信徒がお互いに難民として流れ込み、またバングラデシュ独立時にもパキスタン軍の侵攻を逃れて100万人近いバングラデシュ人が難民となってインド領へと流れ込んだ。また、チッタゴン丘陵地帯では政治的緊張が続いており、この地域の仏教系先住民がインドへと多く難民として流出している。一方で、バングラデシュは南のミャンマーからムスリムのロヒンギャ人難民を多く受け入れている。

バングラデシュは貧困国であるため、世界各国から多額の経済援助を受け取っている。日本は最大の援助国の一つであるが、近年は援助額がやや減少気味である。他に、アジア開発銀行やアメリカ、イギリス、世界銀行、ヨーロッパ連合などからの援助が多い。

Ⅳ 政治情勢

1991年の憲法改正によって大統領を国家元首とする議院内閣制政治体制が確立している。国家元首である大統領は減速儀礼的職務を行うだけの象徴的地位にあり国民議会において5年の任期をもって選出される。主張や最高裁判所長官の任命権を有するが、その他は首相の助言に従って行動する。

2014年1月5日の総選挙では与党アワミ連盟が憲法を改正して選挙管理内閣制度を廃止したことに反発し、最大野党のバングラデシュ民族主義党など野党陣営が総選挙をボイコットしたなかで実施され、与党アワミ連盟が圧勝した。同月12日にはハシナ首相（3期目）を首班とするアワミ政権が発足した。選挙直後は内外から新政権の正統性を疑問視する声が上がったが、その後野党勢力が弱体化する中で、国内世論は新政権是認に傾き国内情勢は比較的安定した。

2015年には野党ボイコット選挙1周年を機に野党連合が再び反政府運動を

行い，車両への放火，爆発事件等が多発し，2月～3月にかけて100数十人の死者が発生した。選挙は概ね公正なものとされるが，各政党は灰化に政治組織を持ち，選挙後とに彼らを動員して選挙を繰り広げており，選挙終了後には敗北した政党はストや抗議行動に訴えることがほとんどで，時に暴動へ発展するなど問題が多い。与野党間に政治制度を巡る火種の存在から，世俗的な作家・ブロガーに対する襲撃事件，9月のイタリア人殺害事件，10月の邦人殺害事件や，イスラム教やヒンドゥー教宗教関連施設や治安当局が標的となるテロ事件が相次ぎ国内でのイスラム過激主義勢力の伸長を危惧する見方もある。

国内唯一の山岳地帯であるチッタゴン丘陵地帯においては、1997年の和平協定調印によって少数民族とベンガル人入植者との間での抗争が終結したものの、和平協定の実施が十分になされていないという少数民族側の不満があり、現在も問題解決に至っていない。

また，1970年代以降、ベンガル系ムスリムのロヒンギャ族がミャンマーからバングラデシュに難民として流入しており、ミャンマーと国境を接するコックスバザールにある公式難民キャンプで約2万9千人が生活をしているほか、数十万人のロヒンギャ族が合法的身分を持たずにコックスバザールなどのバングラデシュ国内で生活している。

図表8－2　国会・党派別議席数

国会		党派別議席数	
種類	1院制	党派	議席数
設立	1973年4月	アワミ連盟（AL）	273
定数	350（うち50女性枠）	国民党	40
任期	5年（解散あり）	無所属	19
選挙	小選挙区制	バングラデシュ労働者党	7
		国家社会主義党（JSD）	6
		国民党JP	2
		バングラデシュ・タリーカ連盟	2
		バングラデシュ民族主義戦線（BNF）	1

第2節

証券投資

I 外資に関する規制

各種規制は以下の通り。

1．禁止業種（4業種）
①武器・弾薬・軍用機器②原子力③植林・森林保護地区の機械的方法による木材伐採④紙幣印刷・造幣

2．規制業種（17業種）
①深海での漁業②銀行・金融業③保険業④電力関連⑤天然ガス・石油の調査・採掘・供給⑥石炭の調査・採掘・供給⑦その他鉱物資源関連⑧大規模インフラ事業⑨精油⑩ガス・鉱物資源を原材料として利用する中規模および大規模企業⑪通信サービス⑫衛星放送サービス⑬航空旅客・輸送業⑭海運業⑮港湾建設⑯Voip／IP電話サービス⑰沿海部で採取される重金属を利用する産業
※規制業種については主に政府による事業認可等が必要。

3．出資比率等
原則、外資の100％出資が可能となっている。業種によっては出資金額、出資比率についての規制がある。外国資本の合弁は民間部門、公共部門とも可能である。また、原則金融業以外の業種であれば最低払込資本金の規制はない。金融業は政府からの特別許可を必要とする。国産化率や現地調達義務、輸出義務などに関する規制はない。2012年4月26日付で8業種に関して、外資系企業の会社設立の登記を差し止める商務省の通達が出ている。

金融業については下記のとおり資本金の最低額を設定している。

銀行：40億タカ、一般保険：4億タカ、生命保険：3億タカ、その他特殊

保険：1,500万タカ、上記以外の金融機関：10億タカ
　また、金融業は政府からの特別許可を必要とする。

4．土地の所有

　外国企業でも会社冬季をすれば土地を所有することが出来る。ただし外国人個人は不可。なお、土地を購入する際は以下の手続きが必要。
　①　土地総額の3～5％相当の収入印紙の購入（所在地によって異なる）
　②　土地総額の3～5％相当の税の納入
　③　土地総額の1～4％相当を登記手数料として預託
　輸出加工区（EPZ）の場合は購入できないが、長期（30年間）使用権を獲得できる。
　使用料は1平方メートル当たり
　チッタゴンEPZ、ダッカEPZ、コミラEPZ、アダムジーEPZ、カルナフリEPZ：2.2ドル／年
　モングラEPZ、イシュワルディEPZ、ウットラEPZ：1.25ドル／年
　（EPZ内の賃貸工場は1平方メートル当たり1.60～2.75ドル／月）
　国産化率や現地調達義務、輸出義務などに関する規制はない。

Ⅱ　市場動向

1．為替相場

　為替レートの推移は以下の通り。なお、2003年5月31日から変動相場制に移行している（中央銀行による統制あり）。

2．対内・対外直接投資

　対内・対外直接投資については一部の禁止業種への投資を除き、外国人が自己資金で投資を行う場合は、バングラデシュ中央銀行の許可を必要としない。ただし、政府が提供する優遇措置、サポートを享受するためには、投資庁に登録しなくてはならない。
　一部の禁止業種は①武器、軍需品およびその他の防衛機器②核エネルギー

図表 8 - 3 　為替レートの推移（対米ドル）

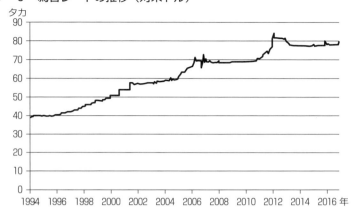

③植林および規制された森林での機械伐採④証書印刷・造幣

　バングラデシュから国外への直接投資は管理下にある。外国為替政策に基づく海外送金指針に従うため、資本支出はバングラデシュ中央銀行に保全されるものとする。ただし、輸出者は海外に連絡事務所を設立し、輸出による収益の中から当該国の事務所に送金することが認められる。

3．証券投資

　証券投資については、外国人投資家は有価証券に投資することができ、自由に資金を引き揚げることができる。非居住バングラデシュ人投資家は外国人投資家と同様の利便性を享受できる。有価証券は、バングラデシュ中央銀行の許可なくバングラデシュからの輸出または国外に持ち出すことができない。外国有価証券の保有者で、売却や譲渡などのために当該有価証券を海外の銀行、証券会社または代理人に送付しようとするバングラデシュの居住者は、必要な輸出許可を得るために公認外国為替ディーラーを通じてバングラデシュ中央銀行に申請しなければならない。そのような有価証券の譲渡が認められるのは、当該有価証券が一定期間内にバングラデシュに戻ってくること、あるいは、売却の場合には、外貨の売却代金がバングラデシュに送金されることを公認ディーラーが約束した場合である。

また、バングラデシュ中央銀行は、海外居住者が保有する外国株式および外国有価証券の交換の申請についても審査する。これらの申請は、公認ディーラーあるいは株式仲買人により行われなければならない。そのための申請が審査で認められるのは、海外から輸入されるバングラデシュの株式／有価証券と、輸出を望む外国の株式／有価証券がほぼ同一の時価である場合である。

　居住者は一定の規則および規制の下で有価証券に投資することができる。居住投資家はダッカ証券取引所の登録代理業者に受益者口座を開設しなければならない。有価証券の買い注文は、その代理業者を通じて受益者口座に基づいて発注しなければならない。代理業者は、その受益者口座に基づいて執行される取引について、所定の手数料を差し引く。その受益者口座について、2週間に1度は口座残高報告書を提出しなければならない。

4．株式市場

　バングラデシュの株式市場はその必要性が1952年から議論され、1954年には東パキスタン証券取引協会の一部となり、その後1956年から取引が開始されている。当初は東パキスタン証券取引所として運営されていたが、1964年からダッカ証券取引所となっている。1971年の独立戦争後には5年程度取引が中断されたが、1976年から再開され1986年からダッカ証券取引所での全ての株価の計算が行われている。

　2015年の上場証券は555銘柄、うち株式は283、国債221、ミューチュアルファンド41、他に社債等が取り扱われている。

　他には1995年からチッタゴン証券取引所が同国の第2の証券取引所として設立、運営されており、2015年時点で299銘柄が上場されている。

5．株価指数

　代表的な株価指数として235銘柄からなるDSEブロードインデックスが公表されている。同株価指数の推移は以下の通り。また30の時価総額の大きい代表的な会社により構成されるDS30指数も公表されている。共にS&Pダウジョーンズインデックス社により開発された指数となっている。DSEブ

ロードインデックスは株式市場の時価97％をカバー、DS30指数は50％程度をカバーする指数である。

図表8－4　DSEブロードインデックス

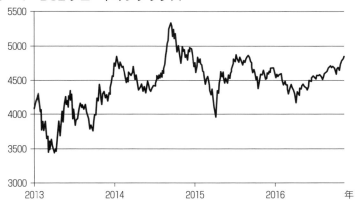

第9章

一帯一路戦略と中国周辺後発国
～モンゴル経済実態を兼ねて～

第1節
一帯一路戦略とは

　一帯一路（One Belt, One Road、略称：OBOR）戦略は、2014年11月に中国で開催されたアジア太平洋経済協力首脳会議で、習近平国家主席が正式に提唱した。

　一帯とは、陸路でのシルクロード経済帯を指す。一路とは、海路での21世紀海上シルクロードを指す。習近平は、2013年9月カザフスタンでシルクロード経済帯を、同10月インドネシアで21世紀海上シルクロードの建設を提起した。インフラ建設、文化交流などを通じて、貿易・投資などの分野での協力体制を構築する一種の共同体である。

　陸と海の21世紀シルクロード建設は、1978年以来の改革開放発展戦略に次ぐ、中国の対外開放戦略の第二段階と位置づけられる。

　一帯一路戦略を推進するために、インフラ施設の整備（交通、電力、通信を含む）を通じて、関連地域・国あるいは地域共同体との間に、経済・貿易・交流を拡大強化し金融業を含めた中国資本の進出を促進させる。そのために、代表的な動きは「アジアインフラ投資銀行（AIIB）」を立ち上げて、「シルクロード基金」を設立した。

Ⅰ　古代シルクロード

　古代シルクロード（Silk Road、絹の道）は、中国と地中海世界の間の歴史的な交易路を指す。19世紀にドイツの地理学者リヒトホーフェンが、その著書『China』（1巻、1877年）に初めてその名称を使用した。

　リヒトホーフェンは古代シルクロードを、陸上と海上に分けていた。

1．古代陸上シルクロード

　古代シルクロードの経路をめぐって、様々な説があったが、主に次の三つではないかと思われる。

① 中国側の起点は長安（陝西省西安市）、欧州側の起点はシリアのアンティオキア（現在トルコ南部・アラビア語アンタキア）とする説がある。
② 中国側の起点は洛陽、欧州側の起点はローマと見る説などもある。
③ 日本がシルクロードの東端だったとするような考え方もあり、特定の国家や組織が経営していたわけではないので、そもそもどこが起点などと明確に定められる性質のものではない。

2．海上シルクロードと鄭和7度西洋下り

　鄭和（馬三保、本姓は馬、初名は三保、イスラム教徒、1371～1434年）は、中国明代武将、永楽帝の宦官。父の馬哈只および先祖は、チンギス・ハーンの中央アジア遠征の時にモンゴルに帰順し、元の世祖クビライの時に雲南地域に定着し、その開発に尽力したそうである。

　鄭和の船団は東南アジア、インドからアラビア半島、アフリカにまで航海し、最も遠い地点ではアフリカ東海岸のマリンディ（Malindi、現ケニアのマリンディ、中国語は马林迪・古称麻林地）まで到達した。

　鄭和とその船団は、前後合計7回（1405～1433年）遠洋に出た。いわゆる「7度西洋下り」であり、コロンブスの南米発現より87年、バスコ・ダ・ガマの喜望峰到達より93年、マゼランの地球一周航海より114年も早かった。

II　一帯一路

　2015年3月28日、中国国家発展改革委員会、外交部、商務部は『シルクロード経済ベルトと21世紀海上シルクロードの共同建設推進のビジョンと行動』（『ビジョンと行動』）を共同で発表した。中身で、「一帯一路はアジア、欧州、アフリカ及びその周辺海洋の相互連結に注力すること」や「この相互連結は、沿線各国の発展戦略のマッチングと協調の推進、地域内の市場ポテンシャルの発掘、投資と消費の促進、需要と雇用の創出、沿線各国の国民の交流と文明の相互参考の増進」を強調した。

　「一帯」の意味は、中国西部から中央アジアを経由してヨーロッパにつな

がる「シルクロード経済ベルト」。

「一路」の意味は、中国沿岸部から東南アジア、インド、アラビア半島の沿岸部、アフリカ東岸を結ぶ「21世紀海上シルクロード」。

一般的な解釈は、「一帯一路」沿線の建設と地域の開発・開放を結合させ、新ユーラシアランドブリッジ、陸海通関拠点の建設を強化し、インフラ整備、貿易促進、資金の往来などを促進することである。

そのため、この「一帯一路」は沿線諸国の経済不足を補い合い、AIIBやBRICs銀、シルクロード基金などでインフラ投資を拡大するだけではなく、中国から発展途上国への経済協力を通じ、人民元の国際化を目標にユーラシアを中心とする新たな協力体制を確立すると言われている。

一帯一路は40余りの国をカバーし、合計人口は43億人で世界全体の63%を占め、合計GDPは20兆米ドルで世界全体の29%を占めることになる。

「一帯一路」構想は一つの壮大な戦略、中国がアジア、アフリカや欧州諸国と協力してゆく青写真と言える。すでに約60の対象国に加え、国連、世界銀行、ASEAN、EU、アラブ連盟、アフリカ連合、アジア協力対話（Asia Cooperation Dialogue: ACD）、上海協力機構など多くの国際組織が支持を表

図表9-1　一帯一路の構想図

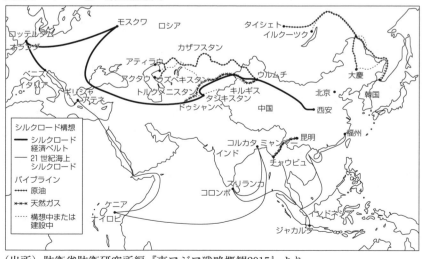

（出所）防衛省防衛研究所編『東アジア戦略概観2015』より

明している。また、中国政府は、2016年9月末までに、世界30以上の国と一帯一路に関する政府間協力協定を結びついた。

一帯一路戦略では、次の5つの「互連互通」（相互接続）が提唱される。
① 政策面でのコミュニケーションを図る
② 道路の相互通行を行う
③ 貿易の円滑化を図る
④ 通貨の流通を強化する
⑤ 国民の心を互いに通い合わせる

中国側の「互連互通」（「五通」とも言う）とは、相互接続の意味である。英文はconnectivityであり、元々IT用語である。ADB（アジア開発銀行）は一番早くconnectivityを利用したそうである。ASEANでは、connectivityに次の3つの内容がある。
① 交通運用、情報通信技術、エネルギーなどの領域において、物理の相互接続であること
② 貿易及び投資の自由化と利便化、相互協議或いはarrangement、地域運送協議、クローズボーダー手続きなど領域において、制度の相互接続であること
③ 教育、文化、観光などの領域において、ヒトの相互接続であること

1．「一帯一路」の経路

陸の「一帯」シルクロード経済帯の経路は、主に次の3つである。
① 中国から中央アジア、ロシアを経て欧州（バルト海）に至る
② 中国から中央アジア・西アジアを経てペルシャ湾、地中海に至る
③ 中国から東南アジア、南アジア、インド洋に至る

海の「一路」、いわゆる「21世紀海上シルクロード」の経路は、主に次の2つである。
① 中国の沿海港から南シナ海を経てインド洋へ、更に欧州まで至る
② 中国の沿海港から南シナ海を経て南太平洋に至る

鉄道、海上運送通路は、次のような計画をしている。
① 新ユーラシア・ランドブリッジ（アジア横断鉄道）、中国－モンゴル

－ロシア、中国－中央アジア－西アジア、中国－インドシナ半島という通路を共同で作り上げる。
② 　海上では重点港を連接点に、安全で効率的な運輸通路を共同で建設する。

また、陸上において、中国政府は、次の6つの経済回廊を建設すると公表している。
① 　中国－モンゴル－ロシア
② 　新たなユーラシア・ランドブリッジ
③ 　中国－中央アジア－西アジア
④ 　中国－インドシナ半島
⑤ 　中国－パキスタン
⑥ 　バングラデシュ－中国－インド－ミャンマー

2．新ユーラシア鉄道網（物流網）の展開

　鉄道は海運よりスピーディーであり、空運より安い。陸上の「一帯」シルクロード経済帯では、将来的に高速鉄道にシフトしていく構想もある。その構想は、主に次の3つの新ユーラシア・ランドブリッジ（アジア横断鉄道）鉄道ルートである。
① 　ユーラシア・ランドブリッジ、通称シベリア鉄道、ロシアのウラジオストク、オランダのロッテルダム港、全長13,000km
② 　ユーラシア・ランドブリッジ、通称新ユーラシア・ランドブリッジ、中国の江蘇省・連雲港、カザフスタン、ロシア、ベラルーシ、ポーランド、ドイツ、オランダのロッテルダム港、全長10,800km
③ 　計画中のユーラシア・ランドブリッジ、中国の広東省・深圳、雲南省昆明、ミャンマー、バングラデシュ、インド、パキスタン、トルコ、東欧、中欧、オランダのロッテルダム港、全長15,000km

　また、この構想に踏まえて、2016年10月に中国「一帯一路建設工作リード組オフィス」は、「中国欧州列車（China Railway Experss）建設発展規画2016～2020年」という建設の五か年計画を公布した。今後、当域内に43の交通ハブ接点及び線路を重点的に建設する方針である。

2015年12月まで、合計26本の貨物列車が開通されている。主な線路はまず、沿海部始発の貨物列車に、「粤満蒙」、「蘇満蒙」、「津満蒙」、「沈満蒙」などがある。また、中国内陸部発の貨物列車も次のように続々運行開始している。
・重慶・デュイスブブルク（ドイツ）、2011.10
・武漢・プラハ（チェコ）、2012.10
・成都・ウィッチ（ポーランド）、2013.4
・鄭州・ハンブルググ（ドイツ）、2013.7
　ただし、これまでの開通に伴って、さまざまな問題が現れている。主な問題点は次の3つである。
① 「標準軌道」問題のこと。すなわち、中国と西欧が同じであるが、ロシア東欧中央アジア諸国が「広軌」、南アジアと一部東南アジア「狭軌」であるため、国境を超える際に貨物を乗り替える必要がある
② 物のチェンジ・積替え物流拠点の能力拡充のこと
③ 橋梁・トンネル建設費用のこと

■第2節　さまざまな解釈

　中国政府が提唱している一帯一路戦略については、国際上に大きい反応を及ぼしている。専門家たちは、それぞれの立場で様々な解釈をコメントし、そのうちの一部の誤読もある。例えば、中国の周辺国への脅威論、中国の過剰設備の輸出、アメリカTPP・TTIP方針への対抗策、「一帯一路」が中国自身のものであり中国が単独で進めていくではないかなどである。
　本節では、さまざまな立場にいる専門家たちの解釈をサーベイして、代表的なものを取り上げて、まとめる。

I　中国側専門家の解釈

1．評論家の石斉平氏

　一帯一路戦略は、現代国際社会秩序に取り込む中国から新たな国際秩序づくりに展開していくことと称賛する。この戦略は、主にAIIB、RCEP、人民元国際化、高速鉄道、安全保障、中国資本海外進出、港湾建設及び中国版GPSの八つの内容があり、全部完成できれば、中国は再び世界の中心的な存在に戻る。

　従来中国の平和台頭路線が西側に抑制され、やむ得なく国際秩序の改革者になっていく。つまり、現代国際社会秩序に取り込む中国から新たな国際秩序づくりに展開しつつある。主な考え方は次の通りである。

① 1949年新中国が設立から旧ソ連体制の導入⇒国際社会と隔離して、孤立状態になった。

② その後、国際社会に取り込む三つのステージを歩んでいた。
　1）1971年国連加盟；2）2001年WTO加盟；3）2015年SDR加盟

③ 今後の大きいビジョンは、一帯一路戦略であること。また過去ユーラシア世界島（ユーラシアは世界陸上面積の約40％）の概念を利用し、将来世界の中心はユーラシアであると予測した。「一帯一路」は中国側の反包囲戦略。将来の北米はパン辺境地帯、もし日本、豪州、英国などがこの中心に参加しなければ、同様パン辺境地帯になるかもしれない。

　また、石斉平氏は、歴史及び国際地政学の視点から、一帯一路戦略の成功可能性を説明した。石氏は、従来西側の覇権的な戦略に対して、歴代中国王朝の対外関係を見れば、覇道でなく、王道である。漢以後の歴代での異民族との戦争の特徴は、人種の衝突ではなく、文明の争い、ジェノサイド（Genocide）が極めて発生しなかった。継続性、包容性、開放性及び平和性という中華文明のコアの部分は、これからの一帯一路戦略の特徴に必ず反映していく。

2．元人民大学学長、人民銀行副行長の陳雨露氏

　中国は国際公共財供給国になろうとしている。その理由は、2つがある。

まず、米国などからの国際公共財への供給が減少する一方、現在の中国は提供する能力が充分ある。

また、中国は最大の発展途上国のため、現在途上国の国際公共財への需要に応じて、貢献できるかもしれない。

中国は次の5つの方面に国際公共財を提供できる。
① 国際協力の新理念と新パターン
② 効率ある「相互接続」
③ 国際通貨
④ 新型の国際通貨組織
⑤ 局地戦争とテロの排除への新たな手段

3．中国社会科学院アジア太平洋研究所所長の李向陽氏

李向陽所長は、一帯一路戦略とは、交通路をリンクに、相互接続をベースに、多元化の協力メカニズムを特徴に、運命共同体を目的に、新たな地域経済協力メカニズムであることを説明した。

また、日本と中国の一帯一路戦略とのかかわりについては、李所長は、次のように指摘した。ロシア側は、その東進戦略に伴って、日本を含む北東アジア地域の諸国との連携を強化すべきである。また必ず東南アジアとの連携を強化していく。それは、中国の戦略目標と矛盾しない。中国は、北東アジア地域協力の実現を通じて、日本海向けの出口の開拓ができる。

それを踏まえて、李所長は「海上シルクロード」の始発点は北東アジアを指定すべきだと提案した。

それに対して、李所長の部下である王玉主研究員は、次のような反論を行った。「これまでの中国は、国際地域協力において、北東アジアを過大視、特に対日協力での突破を期待しすぎる。一帯一路は北東アジアを中心とする戦略より劣るが、アジア統合戦略の起点になる可能性が高い。」

4．北京大学国家発展研究院副院長の黄益平氏

黄氏は一帯一路戦略について、3つの心配がある。

第一の心配は、冷戦の道具になること。現在の一部中国人学者は、一帯一

路戦略の目標は世界一になるためと解釈して、それは非常に怖い考え方である。中国は旧ソ連の教訓を生かせて、現在の世界枠組みに発展しながら世界に貢献すべきである。

第二の心配は、中国西部大開発の国際版になること。西部大開発はたくさんのインフラを行ったが、中国内陸部経済の振興を計画通り実現できなかった。現在、中央アジア、南アジア、アフリカなどの地域と経済協力する際に、投資リターン率をよくチェックした方が重要である。

第三の心配は、過去一時日本海外投資苦境に落ち込むことと同じようなこと。過去日本バブル期に、あちこちの日本マネーに対して、世界が日本の投資に買われるかとの声もあった。今日の中国もまさに当時の日本の状況に類似しているよう見える。当面中国の相当一部の投資は実に採算合わない。

5．国内慎重論の代表、国務院参事、中国人民大学教授の時殷弘氏

一帯一路戦略が提出されて以来、中国国内での賛美の論調がほとんどである。その背景の下に、報道されている慎重論が大変珍しいと見られる。

国際政治学者である時氏は、2016年9月シンガポールISEAS（Yusof Ishak Institute）で開催されたシンポジウムに、中国が近年同時に推進している「戦略軍事（strategic military）」と「戦略経済（strategic economy）」の政策は、中国様々な方面に巻き込まれて、「戦略支出超過（strategic overdrawing）」に落ち込む恐れがあると指摘した。わずか3年間ほどで、中国は多くの「新戦場」あるいは「新戦線」を開拓あるいは固めたものの、いずれそれらは短期間に勝負できないものである。

時氏は、現在中国経済成長のスローダウン現状及び国際情勢の介入などのため、当面中国の戦略重点は国内改革のはずであることと強調した。

II　日本側専門家の解釈

1．新潟県立大学教授の山本吉宣氏

山本氏は、一帯一路戦略は、プラスとマイナスの2面性があり、またそのディレンマも抱え込んでいると分析した。

プラスの面では、次の3つある。

①陸路、海路のインフラ網を整備し、国際公共財を供給する試みという面を持つ。②より細かい点を言えば、海賊を駆逐するなど海の安定、またテロリズムの抑制など、国際政治の安定に資する効果を持つ。③需要を喚起することで、経済成長をもたらし、世界経済安定への貢献する効果を持つ。

マイナスあるいは不確実な面では、①一帯一路戦略は、ハード、ソフトの両面で中国の影響力を増大させよう。②インフラ網を戦略的に利用したり、それから他の国を締め出すことも可能となろう。

このような2面性は、すべての国にディレンマをもたらす。たとえば、インフラ網構築に参加することは、大きなプラスになるとともに（インフラ網に参加しないとネットワークの利益を得られない）、他方では、中国に対する自立性を低め、さまざまな分野で中国の影響力の強さにさらされる。このようなディレンマの顕在性は、国によって異なろうが、日本が抱えるディレンマは大きいと思われる。

また、上記の分析に踏まえて、今後日本の対応について、山本氏は次のように指摘した。一帯一路戦略の展開を慎重に見極めつつ、開かれた国益の観点から、中国を国際的なルール・規範に沿うようにするとともに、国際公共財の供給、その自由な使用を保証するルールの確立をめざす政策を展開すべきである。

2．『週刊東洋経済』編集長の西村豪太氏

一帯一路戦略の柱的な存在はAIIB（アジアインフラ投資銀行）であることを指摘したうえで、日本のAIIB加入問題については、次のような3つの選択肢があることを分析した。

① 時期をみてAIIBに出資する。日本企業のビジネスの拡大につながるとは限らないが、日本と中国の関係安定のため、またアジアのルール形成に関与するための投資だと割り切る。

② AIIBに出資はせず、ADBは貧困削減、経済社会開発、人材育成、法律整備など得意なソフト面での支援を充実させることでAIIBとの差別化を図る。ADBと日本企業との関係はこれまでどおりに行う。

③ AIIBに出資はせず、ADBでインフラ関連の融資を拡大すべく体制強化を図り、日本企業との連携も強化する。日本政府は現在この方向にある。

Ⅲ 私の理解

1．一帯一路戦略は中国版グローバリゼーションの一環である。

いわゆる中国版グローバリゼーションは、邵宇（東方証券首席経済学者）氏によれば、次の三つの主な内容がある。①中国の最終目標を新たな対外利益交換モデルの構築にあるとして、自らの利益に適う国際貿易、投資、貨幣循環システムを作ることは、グローバル戦略において大きな意味を持つとした。②また、貿易によって国と国の経済関係を深めることを可能にし、過剰設備と資本を投資・輸出することもできる。③さらに、この過程において人民元国際化戦略を組み込むことができる、最終的には中国の経済的影響力は人民元の国際化によって引き上げられる。

中国は、昔の「朝貢貿易」のような負の経済効果と違って、まさに国際公共財供給国になり、世界経済秩序の改革者でもある。その最終目標を実現するために、世界各国、特に途上国との陸地海上での相互関係を深化することを通じて、各種の地域協力の促進や自由貿易協定の拡大などが欠かせない。

現在中国政府が推進している一帯一路戦略は、これまでの鄧小平時代が定めた「改革開放」方針のバージョンアップ、その「内向的」、「対内」を中心とした改革開放よりむしろ「外向的」、「対外」を中心としている（図表9－2参照）。

図表9－2　今までの改革開放戦略とこれからの一帯一路戦略の比較

これまでの鄧小平「改革開放」戦略	今後の習近平「一帯一路」戦略
「内向的」、「対内」を中心	これまでの「改革開放」戦略のバージョンアップ、「外向的」、「対外」を中心
外国資本・技術の導入がメイン	対外投資「走出去」がメイン
特色ある社会主義市場経済を主張	これまでない多元化国際協力パターンの「地域統合」を主張
日米欧などの主要国を目線に	周辺国、後発国、新興市場をターゲット

また、現在中国政府が推進している「一帯一路」戦略は、主に周辺国、後発国、新興市場をターゲットにする対外投資をメインにして、これまでない多元化国際協力パターンの「地域統合」を主張している。にもかかわらず、それはあくまでも1980年代から対外開放政策の延長であり、新たな中国版グローバリゼーションの助力的なものでも考えられる（図表9－3参照）。
　また、昔の「朝貢貿易」と比べれば、一帯一路戦略は、①オープンすること、②目標戦略がはっきりすること、③世界、特に関連する発展途上国からの支持を得ること、の主な3つの特徴があると考える。
　中国は自らに有利なグローバリゼーション戦略を立ちあげようとしている。そのために、AIIBやシルクロード基金などの設立を提唱したり、インフラ建設、文化交流などを通じて、貿易・投資などの分野での協力体制を構築している。

2．一帯一路戦略の誕生背景はTPPの対抗策ではない

　中国は経済領域においては、米国と大きな差が存在していることは中国政府が充分認識しているため、協力＋競争によるウィンウィンの関係を構築す

図表9－3　一帯一路戦略は1980年代から対外開放政策の延長線にある

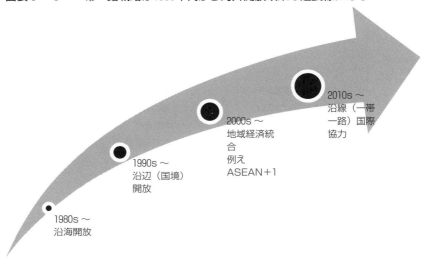

ることが中国にとってただひとつの道である。

　上記1．に論述したように、一帯一路戦略の誕生背景はTPPに対抗するものではないことがうかがえる。本戦略は、むしろ、米国がリードしているハードルの高いTPP加盟を目指す前段階でも考えられる。

　また、TPPへの加盟は中国にとって最終目標ではない。中国はそれを突破口の一つとして考えている。すなわち、一帯一路戦略は中国版のグローバリゼーション戦略の一環に過ぎない。

　筆者は米国が早かれ遅かれ中国のTPP加入を受け入れるという観点を持っている。米国はABC（Anyone but China）という意図を若干持っているが、しかし、新興諸国、特に中国が参加しない地域統合は実質的な意義を持ち合わせていない。

　図表9－4と9－5に、発展途上国、特にアジアを中心とする新興市場のプレゼンスが注目されている。2014年版『世界投資報告書』によれば、世界の2013年と2005～07年の直接投資を比較した結果、新興諸国を主とする地域統合の発展速度は先進国を中心とする地域統合（TPPなど）より遥かに高い。TPPに関しては2013年の値は2005～07年の平均値より上回っているが、それはTPPの中の新興市場の成長が米国の減速を相殺しているからと考えられる。

図表9－4　地域統合から見る2014と2013年の世界直接投資

地域・地域間グループ	2013年		2014年	
	直接投資流入（10億ドル）	世界シェア	直接投資流入（10億ドル）	世界シェア
APEC	837	57%	652	53%
G20	894	61%	635	52%
RCEP	349	24%	363	30%
TTIP	564	38%	350	28%
TPP	517	35%	345	28%
BRICS	294	20%	252	21%
NAFTA	346	24%	169	14%
ASEAN	126	9%	133	11%
MERCOSUR	83	6%	73	6%

（出所）2015年世界投資報告書

図表9－5　地域統合から見る2013年と2005-07年の世界直接投資

地域・地域間グループ	2005-2007年平均		2013年		シェアの変化(パーセントポイント)
	直接投資流入（10億ドル）	世界シェア	直接投資流入（10億ドル）	世界シェア	
G-20	878	59%	791	54%	-5
APEC	560	37%	789	54%	17
TPP	363	24%	458	32%	8
TTIP	838	56%	434	30%	-26
RCEP	195	13%	343	24%	11
BRICS	157	11%	304	21%	10
NAFTA	279	19%	288	20%	1
ASEAN	65	4%	125	9%	5
MERCOSUR	31	2%	85	6%	4

（出所）2014年世界投資報告書

3．一帯一路は経済学体系での国際的な経済統合体ではないもの

　一帯一路のビジョンに、「経済要素の秩序的な自由流動、資源の効率的配置と市場の相互融合を促進し、沿線各国の経済政策の協調を推進し、広範囲、高水準、深いレベルでの地域協力を展開し、共同で開放・包容・均衡・全面互恵の地域経済協力体制を構築する」と明言したが、それは経済学的意味の統合体なのでしょうか。

　図表9－6に示されたように、経済学的なところから見れば、中国政府が提唱している一帯一路戦略は、経済統合体という従来の概念に属していないようである。おそらく言えるのは、一帯一路全体の中での部分的なところは、通常の意味における経済統合を目指している。例：ASEAN+1など。

図表9－6　経済統合体の形

統合の段階	加盟者の間での関税とライセンスの免除	共同関税とライセンス体系	生産要素移動に対する制限の解除	経済政策と体制の協調と一致
自由貿易区 （Free trade area）	Yes	No	No	No
関税同盟 （Customs union）	Yes	Yes	No	No

第9章　一帯一路戦略と中国周辺後発国〜モンゴル経済実態を兼ねて〜

| 共同市場
(Common market) | Yes | Yes | Yes | No |
| 経済同盟
(Economic union) | Yes | Yes | Yes | Yes |

(出所) Franklin R. Root, *International Trade and Investment*, Cincinnati, Ohio: South-Western Publishing Company, 1992, 254

4．一帯一路は新たな地域統合体パターン

　一帯一路戦略は、ある種の新たな地域統合体の姿を目指していると考える。その将来図は、主に次の9つのポイントにまとめられる。

　第一に、個性化のある地域統合体であること。

　一帯一路における関連諸国が求めることは、経済発展レベル、一人当たり所得、国力、政治体制、地域、民族、宗教などによるそれぞれ違う形で一帯一路戦略に相応の位置付けを獲得できる。

　第二に、二カ国間または地域間での統合の集合統合体であること。

　様々な国や共同体などを抱え込む一帯一路は統一規範（ルール）ようなものがないため、WTOドーハグランドような失敗が発生しにくい。

　第三に、現在すでに存在する統合体（構想）と連携・統合すること。

　すでに存在している共同体を生かして、新たな協力体制を立ち上げていくのは、一帯一路戦略の一つ特徴であるが、現在既存の国際協力メカニズムをカバーすることは考えていない。例えば、アセアンと一帯一路戦略との協力、ロシアが2011年に提唱した「ユーラシア連合・EAU」経済政治的連携構想（ロシア、カザフスタン、ベラルーシなど）と一帯一路戦略との協力などである。

　第四に、これまで存在していない、新たな多元化国際協力統合体（cooperation arrangement）を目指すこと。

　この新たな多元化国際協力統合体の内容について、中国社会科学院の李向陽氏は、主に次の8つの協力領域をカバーすべきと指摘した。①地域ごとのFTAをベースにすること、②Sub-regionalの国際協力をベースにすること、③相互接続をベースにすること、④産業開発団地をベースにすること、

⑤海洋をベースにすること、⑥地域金融協力をベースにすること、⑦経済発展政策のメカニズムの協力領域であること、⑧社会と人文の協力メカニズムの協力領域であること。

　第五に、一帯一路戦略の第一段階（初期）での戦略は、「互連互通＝相互接続」戦略であること。

　この初期戦略と言われる「互連互通＝相互接続」戦略は、中国とアジア諸国の経済協力領域での方向性を示し、ある種の協力パターンとも考えられる。当面は中国政府が公表した6つの経済回廊（前述）を建設する計画である。またこの相互接続戦略は将来のアジア統合戦略につながる。

　第六に、一帯一路戦略は少なくとも部分的・段階的に現国際秩序に影響を与えている。

　一帯一路戦略は成功の可能性を別論にして、本戦略を通じて、中国はいずれ国際公共財の提供者になる。その趨勢を否定できない。

　第七に、一帯一路戦略は中国の単独プロジェクトではないこと。

　一帯一路戦略は習近平国家主席が初めて唱えたが、この戦略が「中国自身のもの」や「中国が単独で進めていくこと」などの誤解があり、決してそうではない。一帯一路に関連諸国のある種の地域統合体である。関連諸国は同じ意識を持ちならば、この統合体の目標の実現を目指していく。

　また、始動した際に、AIIBとシルクロード基金という巨大な財政資金に裏打ちされているが、一帯一路を中国が単独で進めていけば、ぜんぜん足りないである。よって、関連諸国におけるそれぞれの促進策と融資プランに合わせる必要である。

　第八に、一帯一路戦略成功のカギの一つはアメリカの参加であること。

　一帯一路戦略を成功するために、アメリカと真正面との対抗ではなく、アメリアをプレーヤーとして本戦略での様々なプロジェクト、少なくともAIIBの加盟者に招かれることが必要である。また、もちろんアメリカが参加すれば日本側も必ず参加する。大きい影響力を持つ日米の加入のは、一帯一路戦略成功における重要なカギの一つと考える。

　第九に、価値観外交と違う「互恵共栄」を提唱すること。

　最後、国際政治・外交の面に、アメリカを中心とする価値観外交と違い、

「互恵共栄」を提唱して、一帯一路関連諸国の共鳴を得られる。現在、関連諸国との付き合いの際に、中国は、西側の価値観主張と違い、民主主義や自由・人権には一切触れず、1954年周恩来首相とネルー首相に合意した「平和五原則」に基づく、他国の主権、平等を尊重すると主張している。ちなみに、「平和五原則」の内容は、領土主権の相互尊重、相互不可侵、相互内政不干渉、平等互恵、平和共存である。

第3節
一帯一路と金融資本協力体制の構築

I 一帯一路戦略の資金難問題

　一帯一路戦略は始動から3年以来、各国と一緒に様々な共同協力プロジェクトなどを実施し、そのうち一部では経済・社会的な収益を収めた。金融協力においては、中国は、AIIBの創設を提唱し、インフラ建設専門ファンドの「シルクロード基金」をも設立した。

　ところで、今までに、AIIBとシルクロード基金を含めて、さまざまな官官・官民ファンドなどが立ち上げられたが、一帯一路戦略に関わる必要な資金に全く足りないと思われている。

　その解決策としては、中国人民大学貨幣研究所が次の3つの方面から考えている。第一に、一帯一路必要資金に提供できる「多層的な金融資本市場体系」の構築。そのために、①地域金融協力体制を構築すること、②域内に、多層的な金融資本市場体系を構築すること、③PPP方式（Public-Private-Partnership、官民連携）を利用して、インフラ建設に協力すること。第二、通貨交換を強化し、資本勘定の自由化を加速して、人民元国際化を推進する。第三、一帯一路地域金融安定体制の構築。

　資金難問題を解決するために、また同時、域外の開発機構と戦略パートナシープを結び、一帯一路戦略を助力していく。2016年1月に中国は欧州復興開発銀行（EBRD）に加盟して、今後には一帯一路戦略と欧州の投資開発戦略との間にうまく協力し合う狙いである。

Ⅱ 中国国内金融資本市場の構築

改革開放してから現在でも、中国金融システムの最大の特徴は、従来計画経済の最大の遺産といっても過言ではない間接金融を中心とする資金調達体制にあり、国民経済全体が銀行融資に依存しすぎていることである。中国国内の非金融業部門の資金調達先は、間接融資機関である銀行が全体の約80％を占めており、株式市場と債券市場からの融資比率は、全体の約20％に過ぎない。これは計画経済から市場経済への移行期にあり、証券市場が未だに未発達であることを示している。

一方、中国政府は米国の直接金融スタイルを目指し、1990年代から資本証券市場の多層的な体系の形成をしようとしているが、現段階にはまだ米国スタイルと正反対のままであり、目標達成までに相当な時間と知恵が必要であろう（図表9－7参照）。

現在、中国はアメリカパターンの資本証券市場の多層的な体系の形成を目指している。図表9－7に示されたように、①上海と深圳（中小企業ボードを含む）のメインボードは一板市場と呼ぶ。②深圳創業ボードは二板市場と呼ぶ。③三板市場は日本の店頭市場に相当、新三板市場は正式名称は「全国中小企業株式譲渡システム」、2006年にスタートした。④物権や知財などの所有権を取引する財産権取引所（中国語では産権交易所）が全国に存在する。

図表9－7　証券取引所から見る中国資本証券市場の多層的な体系

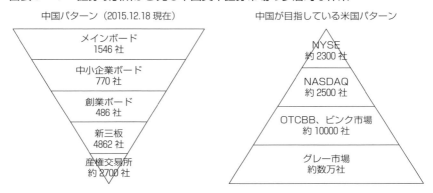

また、「一帯一路」戦略の下に、ウルムチ四板市場構想（祁斌氏）と港深証券取引所の可能性（梁海明氏）も提案されしている。

Ⅲ　中国の対外投資「走出去」と一帯一路

2016年9月に公布された「2015年度中国対外直接投資公報」では、次のいくつの特徴がある。

第一に、中国は初めて世界直接投資の2位なり、初めて対外投資額は対内投資額を上回り、資本の純輸出国になった。

第二に、2002〜2015年中国の対外直接投資の年間平均成長率が35.9%に達した。

第三に、投資ストックが2002年世界25位から8位になり，世界ストック総額の占有率は2002年の0.4%から2015年の4.4%に上昇した。

第四に、これまで、2.02万社の中国企業は、世界188の国家／地域に合計3.08万社の海外企業を設立した。

第五に、2014に一帯一路関連国家への直接投資フローは、136.6億米ドル、全体の約11.1%である。2015年に、一帯一路関連国家への直接投資フローは189.3億米ドル、全体の約13%を占め、昨年対比は世界平均増加率の倍の38.6%に達した。

ちなみに、2015年末までに、中国対外直接投資ストックの83.9%は、発展途上国であり、先進国は14%、残りの2.1%は移行経済体である。

図表9−8　2015年11月中国と中東欧16＋1首脳会議

図表9－9　2015年12月中国とUAEとの調印式

　また、中国政府は、巨大な外貨準備を生かして、独自または一帯一路関連国家と共同で、さまざまな官官または官民ファンドを設立している。例えば、①2015年11月24日、中国－中東欧16＋1金融公司が設立された（図表9－8参照）。このファンドでは、中国側は中国工商銀行を中心にして、国家開発銀行と中国輸出入銀行も参加の形で、展開する予定である。②2015年12月14日、中国はUAEとの間にCHINA-UAE FUNDという国家間のファンドを結び、総額100億米ドル、双方が50％ずつ出資すると約束した（図表9－9参照）。

Ⅳ　人民元国際化ロードマップから見る一帯一路戦略

　筆者は、人民元国際化を推し進めるために、人民元資本勘定の開放と人民元の自由変動というメインラインと、オフショア市場と地域統合・中国版グローバリゼーションという2つの次元が同時に進行しなければならないと考えている（図表9－10参照）。通貨の国際化の初期段階でこのような形になることは、他に例がない。

　2つの次元のうち、一つは人民元オフショア市場建設（通貨スワップ、直接取引、クリアリングバンクなど）を通じて、人民元オフショアの広さと深さを高めることである。もう一つは中国版のグローバリゼーションの地域統合を通じて（貿易、投資、ODAなど）、人民元の周辺化、BRICs化、アジア化とグローバル化を進めることである。一帯一路戦略はまさにそのために

図表9－10　人民元国際化ロードマップの展開図

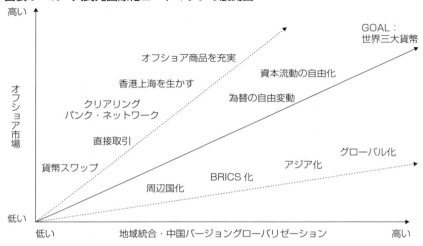

用意したものである。

　一帯一路戦略をうまく生かして、人民元国際化戦略は次の4つの方面を推進すべきと考えている（人民大学より）。①沿線諸国のコモディティー貿易での元決済を実現すること。最初にアルミ、鉄鉱石、石炭という順番。理由は、沿線諸国のコモディティーの対中貿易が重要であり、また中国が金融機関と先物市場に優位性を持つ。②中国のインフラ建設経験と融資力を利用して、人民元を沿線インフラ融資の主要通貨に推進すること。特に政府融資、混合融資、インフラ債券発行を推進する。③一帯一路沿線国の産業園区における貿易創新や産業集積など方面の優位性を生かして、園区の企画及び建設の段階に人民元の使用を導入させ、人民元のオフショア市場の分布合理化を促進し、グローバル人民元取引ネットワークを形成すること。④クローズボーダー電商ビジネスの面において、沿線諸国の立地と文化優位性を利用して、人民元での価格表示と支払を大いにサポートし、人民元に対する民間での広範囲のアイデンティティーを積極的に喚起する。

　2016年8月までに、中国と一帯一路沿線諸国のクローズボーター人民元実際支払額は8600億元になった。これまでに、人民銀行は21の一帯一路沿線国家と「通貨スワップ協定」を結び、総規模は1.4兆元に達した。通貨スワッ

プ協定とは、異なる通貨を持つ二つの国において、互いの中央銀行の事前の約束に基づき、即ち、二つの同じ金額・同じ期間・同じ利子率の計算方法を前提に、異なる通貨の債務交換に関して政府レベルで正式に結ばれた協定である。通貨スワップは人民元国際化の重要な一環であり、提携先から見れば、最初の香港や韓国などの周辺貿易国／地域から、現在はインドネシア、トルコ、アラブ首長国連邦などの一帯一路沿線諸国までに展開している。

また、6つの一帯一路沿線国は中国のRQFII資格を取得し、合計資金枠が3300億元である。QFIIは（Qualified Foreign Institutional Investors、適格国外機関投資家）である。RQFIIとは、Rは人民元のことで、香港市場を経由して人民元に両替し、上海や深センなど中国本土の金融商品に投資するという制度である。

さらに、中国は5つの一帯一路沿線国に人民元クリアリングバンクを設立した。人民元クリアリングバンク・ネットワークの建設は人民元海外オフショアセンターの重要な一環である。そのほか、人民元とタイのバーツ、人民元とカザフスタンのテンゲとの間での銀行間市場取引も開始している。

■ 第4節
モンゴル経済実態と一帯一路戦略

北東アジアに立地するモンゴルは、内陸国で、その東、南及び西では中国と隣接し、北でロシアと隣接する。人口は300万もないが、国土面積は日本の4倍にもなる。

昔、中国から北上して、モンゴルやカザフスタンの草原を通り、アラル海やカスピ海の北側から黒海に至る、最も古い交易路があり、草原シルクロードとも言われる。

現在、モンゴル国の経済構造は中国との補完性が高い。2014年8月、中国が習国家主席の際に、両国は全面戦略パートナーシープ関係を結び、「中国とモンゴル経済貿易協力中期発展プラン」を締結して、両国の中長期的な協力関係の発展を強化した。また2016年10月に、中国発展改革委員会が「中国モンゴル国ロシア経済回廊の建設規画プラン」も発表した。

今後、中国モンゴル両国の経済関係は、鉱産資源開発、インフラ建設、金融協力との「三位一体、統合推進」の方針の下に Win-Win で展開し、2020年までに貿易額が100億米ドルに到達することを目標としている。現在、中国の対モンゴル直接投資はオランダに次いで２番手であり、登録する中国系進出企業は6500社にある。中国一帯一路戦略に伴って、中国の対モンゴル直接投資が益々拡大していくと予測される。

Ⅰ　モンゴルの一般事情

１．モンゴルに関する３つのキーワード

　もし３つのキーワードでモンゴルをまとめれば、それは人口、資源、混乱と考えてよい。

　モンゴルの人口が少ない。よって、その国内市場も小さい。全国291万人（世銀2014より）のうち、約半分は首都に住んでいる。歴史の原因で、軽工業基盤があまりないため、通常の生活用品を輸入品に頼っている。市場での一般製品は中国製が多く、日本ブランドでも Made in China の方が目立つ。自然状況があまりよくないために、食料・食品、特に野菜も輸入が多い。

　車の保有率が日本より高いが、もちろん外国製、しかも中古の方が多い。家より、車を持つ志向のため、ウランバートル市内はよく渋滞が発生し、特に冬は空気も悪い。ウランバートルの周辺にゲルがこの十数年に非常に増え、一部がスラム化になっている。貧困層が増えているため、就労・衛生・治安などの様々な厳しい社会問題に直面している。

　共産圏崩壊まで、「ソ連の16番目の共和国」と呼ばれるほど旧ソ連との関係がいまだに緊密であった。文字は1942年に伝統なモンゴル文字を正式に廃棄し、キリル文字を採用（現在中国の内モンゴル族は使用している）。また現代生活のあらゆるところにロシアの習慣が見られる。

　モンゴルの主要産業は、鉱業、農業畜業、交通運輸業である。2014年、GDP の中に、農業、工業及びサービス業はそれぞれ14.0%、36.0%、49.9%ある。また、同時期に鉱業、加工業、電力水道などはそれぞれ68.7%、24.5%、6.8% を占める。

図表 9 −11　移行期諸国の成長率比較

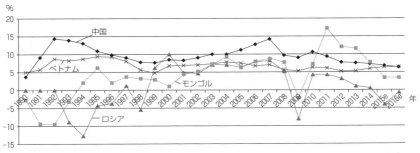

（出所）International Monetary Fund, World Economic Outlook Database より

　カシミヤ（牧畜業）生産能力は環境保護のため限界があるが、モンゴル国の強みは、何と言っても鉱産物・石油など地下資源が大変豊富な点であろう。その豊富な地下資源は、銅、金、石炭、鉄鉱石、石油（アラビア諸国に匹敵）などである。その中でも、銅の世界埋蔵量3位のオユトルゴイ（Oyu Tolgo = OT）と石炭鉱タワントルゴイ（Tavan Tolgoi = TT）が注目されている。過去、権益を持ったカナダのアイバンホー社の推測によれば、仮にOT鉱の一つの案件だけを開発すれば、モンゴルのGDPを毎年4％引き上げられるという効果がある。

2．旧計画経済から市場経済への移行国

　1990年代初め、旧ソ連は、ハーバード大学教授Jeffrey Sachs氏が提唱した改革モデルである「ショック療法」("Shock Therapy"、"Big Bang"）によって、一晩で計画経済から市場経済への移行を試みていた。モンゴルを含む過去東欧共産圏諸国も実施した。その主な特徴は、①新体制の形成を目的と

図表 9 −12　移行期比較：政治の面について

	モンゴル	ベトナム	中国
変化の時期	1990年自由化	1986ドイモイ（刷新）	1978改革開放
路線と指導方針	自由経済を目指し、多党制を強調	社会主義を堅持、共産党の一党専制を主張	社会主義を堅持、共産党の一党専制を主張
民主化の進展	"Big Bang"	やや速い、革新的	遅い、保守的
腐敗問題	深刻	深刻	深刻

図表9－13　移行期比較：経済の面について

	モンゴル	ベトナム	中国
進め方	ショック療法	漸進式	漸進式
スピード	スピードが速すぎる	スピードが速い、「大胆型の改革」	スピードが相対的に遅い、「慎重型の改革」
改革の突破口	私有化、鉱産物の輸出	農業、「農家の生産請負制」の導入	農業、「農家の生産請負制」の導入
成長率と経済の持続性	成長率がばらつき、経済変動が激しい	高度成長がまだ続くの継続、経済変動周期が相対的に長く、変動幅が小さい	30年以上の高度成長、経済変動が一時のみ激しかった（1989～1990下落）
外資（FDI）導入及びその政策	FDIが鉱山業に集中、外国導入政策がよく変動する	外国資本に強く依存、経済成長の牽引役として積極的に導入している	外国資本依存の成長パターン、経済成長の牽引役として積極的に導入してきたが、2007年から国内産業構造レベルアップの為に外資導入政策の見直しを始まっている
グローバリゼーションに対する姿勢	保守的な考え方	大胆に取り込んでいる、WTO・ASEAN・TPP、及びほかの国際協力協定に積極的に参加	十分検討したうえに、積極的に取り込む

し、短期間の経済成長を無視すること、②経済、社会、政治は同時に転換、いわゆる「谷を二歩で越えることがありえない」、③移行期の初期段階に、経済での安定化・私有化・自由化政策を同時に実施すること。

　モンゴルは旧ソ連をまねして、「ショック療法」を導入した。結果としては、社会、政治、経済のあらゆる面において、一時大変な混乱に落ちていた。

　一方、今まで、ベトナムや中国などの「漸進式」改革を評価する声は殆どだが、一体旧計画体制国での改革は、政治が先に急変したのがよいのか、そ

れでも経済を優先させることがよいのかについての議論がまた続いているようだ。

図表9－13と9－14はモンゴルの「ショック療法」とベトナム・中国の「漸進式」改革との比較を示したものである。

Ⅱ 深刻な財政危機

　世界金融危機が発生した2008年までに、モンゴル国はグローバル経済にそれほど取り込んでいなかったため、例え世界に大きな経済危機があっても、内陸に立地するモンゴルにとっては、大した影響がないはずであることがモンゴル人の一般論ようであった。また、隣国の中国は高度成長があり、モンゴルに豊富に存在する鉱産物などの資源の需要が年々高まっていて、モンゴル経済も大変著しく成長していた。2011年の経済成長率は17％をも超え、同時にモンゴル国は本国の成長に非常に楽観的に見ていた。

　ところが、モンゴル経済の構造をみると、非常に外部に影響されやすい。現在、この外部とは隣国の中国である。図表9－11に示されたように、2012年より中国経済は徐々に減速し始まっていることに対して、モンゴルの成長率はそれ以上に急速に減速してきている。中国経済減速に影響されやすい理由は、鉱産資源を中心とする全体輸出額の約9割は中国向けであるためである。

　一般の途上国と同じように、モンゴル経済発展に必要な資金は大変不足するため、外部借款及び外国資本導入に頼るしかない。2012年末と2013年初、モンゴル政府は2回に渡って、それぞれ5年期と10年期の10億ドルと5億ドルのチンギスハン債権を発行した。また2013年に総額2.9億ドルの10年期武富士債を発行した。これらの債権の発行は、対外債務レベルを高めた。2012年以後、鉱産物の国際価格の下落に伴って、モンゴル国の外貨準備額は徐々に減少する一方、国内財政赤字が増加しつつあり、債務不履行のリスクが高くなっている。

　2015年モンゴルの国内財政収入は6.6兆トゥグルグ、GDPの27.6％にあり、財政支出は7.8兆トゥグルグ、GDPの32.7％を占め、財政赤字は1.2兆トゥグルグ、5％にあたる。

今年の8月に、モンゴルの財政大臣はモンゴル政府債務がすでにGDPの78％に達し、目標の55％をはるかに超えたとの発言に対して、米ドル建て債権が7.7％暴落し、為替も大幅に下落した。今年の第一四半期までの対外債務総額は226億米ドルに対して、GDPはまた118億米ドルしかない。アメリカ格付け会社のムーディーズのデーターによれば、2015年までの5年間に、モンゴルの債務レベルは264％上昇し、債務増加幅は同時期の世界最大である。

図表9-14～9-17には、モンゴル国の貿易収支、経常収支、政策金利及び為替変動を示したものである。また、モンゴルの資本市場はまだ未熟である。その中でも特に債券市場はあまり機能していない。証券取引所（MSE）は次に示すいくつかの特徴がある。

①1991年スタート当時に国有企業を民営化するために、従来の国有企業（475社）から自動的に上場企業にシフトを行った。

②マーケットは非常に小さい。2014年に、登録銘柄はわずか237社、時価総額は14426億トゥグルグ（7.94億米ドル）であった。ベスト10の上場企業はそれぞれAPU、TAVAN TOGGOL、BERKH UUL、SHIVEE OVOO、SHARIIN GOL、BAGANUUR、GOBI、UB BANK、SUUである。

図表9-14　モンゴルの貿易収支　　　　　　　　（単位：U.S.10億ドル）

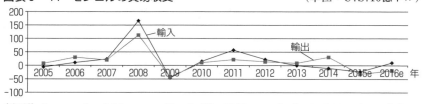

（出所）International Monetary Fund, World Economic Outlook Databaseより

図表9-15　モンゴルの経常収支　　　　　　　　（単位：U.S.10億ドル）

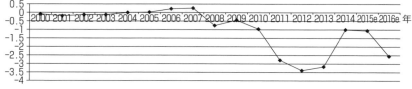

（出所）International Monetary Fund, World Economic Outlook Databaseより

図表9-16　モンゴルの政策金利

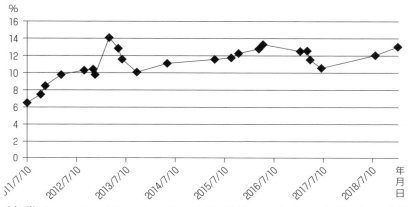

（出所）International Monetary Fund, World Economic Outlook Database より

図表9-17　モンゴルの為替変動（MNT/USD）

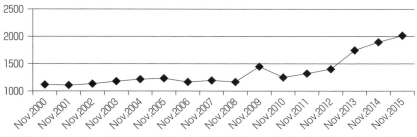

（出所）International Monetary Fund, World Economic Outlook Database より

　③以前は韓国証券取引所と提携したことがあり（図表9-18参照）、現在、LSEとの提携を行っている。2010年12月、LSE（London Stock Exchange）と戦略的パートナーシップ契約が締結された。2012年7月にLSEからMillennium IT システムの導入によって、オンライントレーディング、証券決済の取引3営業日後の実現になった。

Ⅲ　モンゴルと主要国との関係

　モンゴルが地政学上また資源戦略上の重要性が注目されている。
　「外交がうまく、ロシア、中国、韓国、日本の四カ国をひとつのテーブル

図表９−18　モンゴル証券取引所（2010.3撮影）

に絶対させない。あってもわざわざ潰せるぐらい外交能力があるから」とある日本建設業の現地責任者にインタビューした時のコメントである。

　現在、モンゴルの対外政策の基本方針は「中国、ロシアの２大隣国のどちらにも偏らず、バランスのとれた関係を構築するとともに、「第３の隣国」との関係を模索・強化するという多元的な外交を進め、スイスような中立国を目指し、いかなる軍事同盟にも加盟しない」。「第３の隣国」とは主にアメリカと日本のことを指す。また同時に、モンゴルは中国とロシアが主導する「上海協力機構」のオブザーバーでもある。

　モンゴルがロシアと中国の二つの大国に挟まっているため、経済が、中国とロシアの影響に左右されやすいのは現実である。1999年から2015年まで、中国は17年間連続で、モンゴル最大の貿易相手国であり投資国である。ロシアも、モンゴルでのエネルギー資源の開発などあらゆる分野の権益を回復しつづけている。中国とロシアは、投資、貿易額の６割以上を占めている。さらに政治、軍事の面においても、この２大パワーからのインパクトを受けざるを得なくなっている。歴史が原因で、モンゴルは親ロシアと見られ、中国が嫌いだが、うまくバランス外交を行っている。

　また、北東アジアのもう一つ国である韓国の影響が欠かせないである。現地訪問する際に、韓国資本はモンゴル経済にとって不可欠ほど、韓国の存在

感が大変強い印象ある。モンゴルに走る自動車の多くは韓国製といわれ、韓国系スーパーの進出や、不動産市場、都市開発にも韓国政府の後方支援で積極参加している。ちなみに、モンゴルと北朝鮮も外交関係があるため、北朝鮮からの労働者も建設現場に働いている。

「第3の隣国」である日本はモンゴルとの関係が良好である。モンゴルにとっては、日本の援助が欠かせないことに対し、日本にとっては、ビジネス関係以外にモンゴルが北東アジア地域の安全保障に重要なパートナーとの存在であるという認識である。

第5節 終わりに

中国の一帯一路戦略は大変壮大な構想であり、実現できるかとの半信半疑の声がかなりある。中国と関連国との関係強化が何より一番重要だと思われる。

一帯一路戦略にとって、モンゴル国は一つの典型的な代表かもしれない。歴史が原因で、中国に大変警戒心を持つ一方、様々なつながりがあり、国内発展のために中国の協力も欠かせない。一帯一路戦略を成功するために、モンゴルのような国と積極的に付き合い、良好な双方関係を深化させ、相手の需要を満足する一方、従来の相手の警戒心を徐々に薄くさせてゆく。金銭は万能ではないが、投資をしなければならない。特にモンゴルが深刻な財政危機に迫られる今現在では、中国とモンゴルとの関係の再構築にとっては、ある意味でチャンスである。2016年10月に、劉雲山中国政治局常務委員のモンゴル訪問、及び中国発展改革委員会による「中国モンゴル国ロシア経済回廊の建設規画プラン」の発表は、その新しい関係のスタートになるかもしれない。

＜参考文献＞
・李向陽『一帯一路：定位、内涵及び関係処理の優先順位』中国社会科学文献出版社2015.5

- 王玉主『一帯一路とアジア統合モデルの再構築』中国社会科学文献出版社 2015.5
- 人民大学国際貨幣研究所『人民元国際化報告2015』中国人民大学出版社 2015.7
- 川村雄介主査、アジア資本市場研究会編『アセアン金融資本市場と国際金融センター』公益財団法人日本証券経済研究所出版2015.3
- 山本吉宣「中国の台頭と国際秩序の観点からみた「一帯一路」」PHP Policy Review Vol.9-No.70, 2015.8.28, http://thinktank.php.co.jp/policyreview/2391/
- 西村豪太『米中経済戦争 AIIB 対 TPP』東洋経済新報社2015.12

アジアのフロンティア諸国と経済・金融

平成29年3月1日

定価（本体2,000円＋税）

編集兼　発行者　公益財団法人　日本証券経済研究所
　　　　　　　　東京都中央区日本橋茅場町１－５－８
　　　　　　　　東京証券会館内　〒103-0025
　　　　　　　　電話 03（3669）0737 代表
　　　　　　　　URL　http://www.jsri.or.jp/
　　印刷所　　　奥　村　印　刷　株　式　会　社
　　　　　　　　東京都北区栄町１－１　〒114-0005

ISBN978-4-89032-053-0　C3033　￥2000E